# すべておまかせ

悲しみ、苦しみを超えて

雪田幸子

風雲舎

（はじめに）

# いま輝きの人

迫　登茂子

日頃私は、自分を雑な人間だと思っています。野草のような生き方を続けてきたからでしょうか。あるとき、つつましく静かな生活のなかで、「〝いいじゃないの〟の許しがあれば、人は救われる」と、口を突いて出た言葉がありました。次いで「十一日に集まりを」とのひらめき。そこから「十一日会」というささやかな会がスタートしました。あれから二十数年、延々と続いている会の中で、皆さんからいたわりと尊敬のまなざしで迎えられている人がいます。

その人の名は、雪田幸子さん。
不思議な人です。思いがけない事故で歩行困難になり、車椅子の生活になったのですが、十一日会には必ず出席してくださいます。介護タクシーでずっと通ってくださる姿に励まされる人が多いのです。雪田さんのためならという人たちが周りにいっぱいいます。十一日会の当日、仲間たちは彼女の車の到着を、何枚もの座布団を抱え笑顔いっぱいで玄関で待ちます。車が到着して彼女が部屋の隅の椅子に落ち着くまで、あっという間の手順の良さ。拍手が起こります。みんな、雪田さんの笑顔に会えるのが楽しみなのです。雪田さんは美しく、垢抜けていて、とてもおしゃれです。それは上辺のことばかりではなく、にじみ出る心の美しさです。幸せそうに輝いています。それに励まされるのです。

私よりちょっと下、昭和十(一九三五)年生まれの雪田さんは、ハイハイしていた一歳未満の頃、家族と一緒に満州に渡ります。幼稚園から小学校の高学年まで平穏な暮らしを送りますが、昭和二十(一九四五)年八月、敗戦という、日本人が経験したことのない大激変を迎えます。敗戦のわずか三カ月前に、四十五歳の働き盛りで召集されシべリア抑留中に亡くなった父。生母の死。ダダダダーンという機銃掃射の下で、着の身着のまま高粱畑《こうりゃんばたけ》を逃げ回ったこと。皮膚病で身体中をかきむしったこと。発疹チフスで40度の高熱が続いたこと。そのチフスに感染して義母が亡くなったこと。ふと見回すと、誰一人頼れる親族もいなくなりました。十歳の雪田さんに託された四歳の弟と二歳の妹。彼らとの否応なしの別離。幼い二人は残留孤児になります。後ろ髪を引かれながら、親切な同胞の手でやっと日本の土を踏んだのは小学校五年生のときでした。

雪田さんの満州でのすさまじい体験には、粛然とさせられずにはいられません。その日々と引き揚げのお話には、同じ頃、神戸から都城(宮崎県)に疎開し人並みの苦労は味わったものの、わりと安穏としていた私は、身につまされて、いたたまれなくなるのです。

(いま輝きの人)

雪田さんのご苦労は続きます。

高校に入学したその年に結核を発病。短歌がご縁で同病の婚約者と出会いますが、彼は薄命でした。雪田さんは試練が降りかかる度に、胸を張り、心を正して、それを乗り超えました。やがて今のご主人と出会ってささやかな幸を得ながら、七十歳過ぎの彼女にやってきたのが脳梗塞です。身体の右半分がマヒして車椅子。杖なしでは一歩も歩けなくなりました。誰にも会いたくない、電話にも出たくない日が続きました。さらに数年後、慢性硬膜下血腫という脳疾患です。バランスが取れず、ダルマさんのようにコロンコロンと身体が横倒しになるのです。

雪田さんが本当に変わったのは、この試練の後のことではないでしょうか。「あ、この人、変わった」と私は感じました。辛いこと、悲しいことを突き抜け、人を恨まず、怒らず、赦しを与えました。そうして「すべてはおまかせです……」と、ブレのないところに到達したのだと思います。「観音さまのご加護をいただいていると思います」と雪田さんは語りますが、大きな力を素直に受け入れ、仏の道を学んでいる雪田さんは、どんな試練がやって来ても、魂が汚れることのない強さを持っているようです。泥田の中から荘厳な花を咲かせる蓮は、彼女の大好きな花です。ダライ・ラマ著『思いやり』（サンマーク出版）の冒頭に雪田さんが撮った蓮の花の写真（１５８ページ）があります。みごとな開花です。それは雪田さんにピッタリのイメージです。

（いま輝きの人）

お日さまが大好きな雪田さん。
起伏に富んだあなたの人生をつづった本が、ようやくできましたね。
風化していくあの体験を語らなければいけないとずっとおっしゃっていました。
みんな、とても喜んでいます。
いま、輝きの人。
これからも輝いて、みんなにその光を分けてくださいね。
ありがとうございます。

（さこ・ともこ「十一日会」主宰）

悲しみ、苦しみを超えて

# すべておまかせ……目次

カバー写真……福川原季里
カバーデザイン……福川原紀子
本文写真……著者

《第1章》

# 生かされて

## 満州へ

昭和十（一九三五）年三月七日、私は山辺定晴《やまべさだはる》、秋江《あきえ》の四女として大阪市東淀川区で生まれました。七カ月の早産で、片手に乗るくらい小さかったそうです。この子は育つだろうか、どうか無事に幸せになってほしい――ということで付けられた名前が、幸子《さちこ》です。父は当時、自営で機械工学の設計事務所を開いていました。やがて一家は、両親と姉、兄、私、そして祖母の六人がそろって満洲へ渡ります。当時の日本は不景気の風が吹きまくっていたようです。満州事変（一九三一年）を契機に満州国（一九三二～一九四五年）が設立されて、多くの日本人が日本国土の三倍の広大な地に希望を見出したのでしょう。多くの人が満州へ満州へと向かった時代だったそうです。もちろんそんな事情を私は知るはずもありません。船の中でハイハイしていたそうですから、一歳未満だったのでしょう。一家は、製鉄の街として有名な中国遼寧省鞍山市《りょうねいしょうあんざんし》に落ち着き、父は「満州ロール株式会社」に設計技師として勤務することになりました。

当時の雰囲気を、私と同世代の井上ひさしさんという作家が次のように書いています。ずっと後になって読んだのですが、私にもうなずけるものがありました。

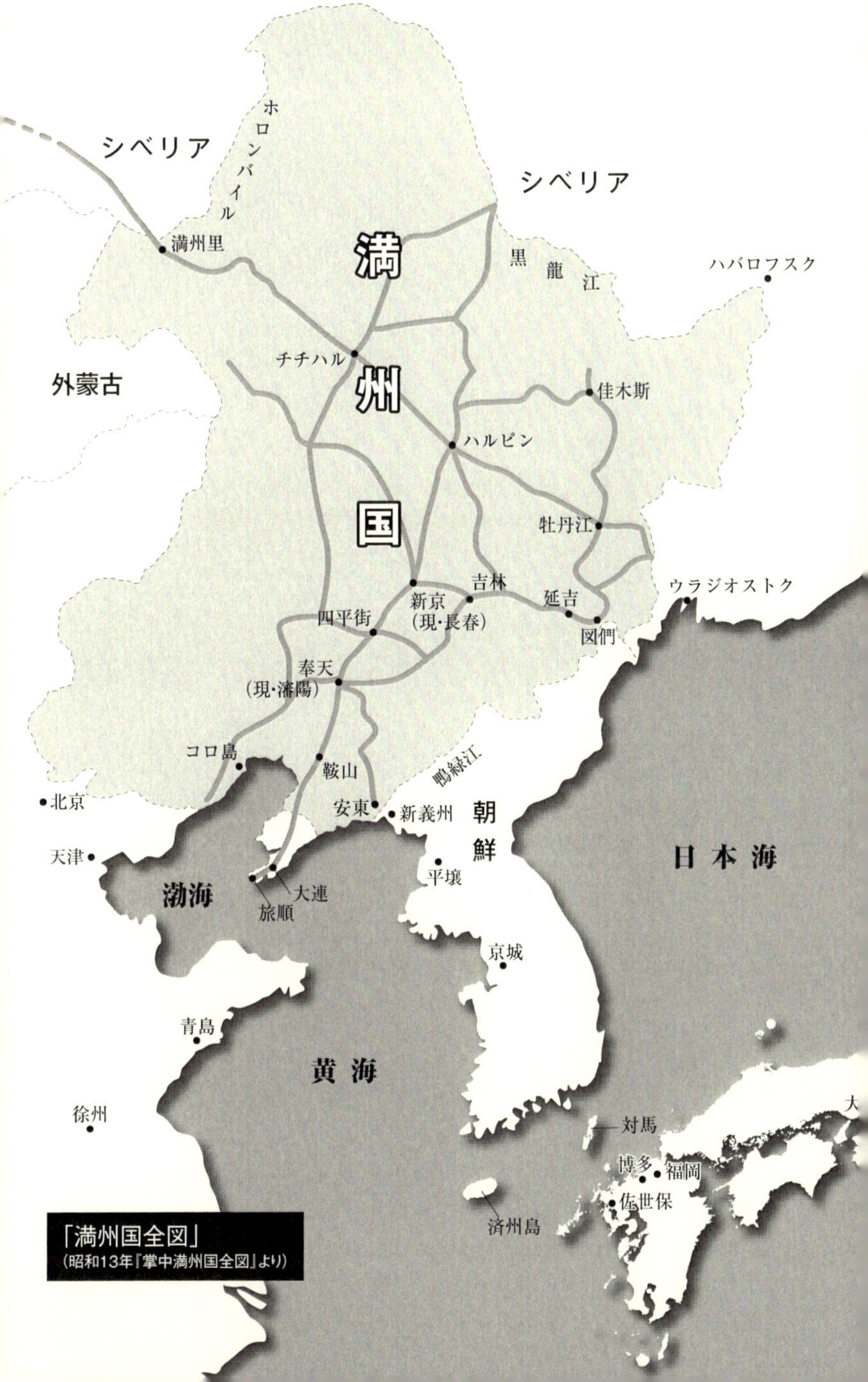


「満州国全図」
(昭和13年『掌中満州国全図』より)

僕も行くから君も行け
狭い日本にゃ住みあいた

波の彼方にはヨーロッパにもつながる大地があり、そこには、四億の民の笑顔が待っている。夢が叶う。豊かな生活ができる。

地平線に夕日が沈む大平野で、思う存分、鍬がふるえる。

そう信じきった人々が、まるでその土地が自分たちのものであるかのように、大切な故郷を捨て、希望に胸をふくらませ次々と海を渡った。

ああ見える。大陸近し。

満州。

それは、何も知らされていない人々の
一瞬の夢の国。
目が覚めた時の恐怖を、
あの時いったい誰が教えてくれていただろう。
知っていたのは、やがて船が着く
大連港の桟橋だけだったかもしれない。

（『井上ひさしの大連』小学館）

## 内気で、一人遊びが好きな子供

幼い頃の私は虚弱だったそうです。そのせいもあって、内気で、臆病で、泣き虫でした。お友だちと外で遊んだ記憶がなく、いつも家の中で絵本を広げてはその景色のなかで一人遊びすることが好きな子供でした。母は病弱だったようで、いつも病院のベッドか家の座敷で寝ている姿しか思い出せません。かすかな記憶の中に、なぜか母と一緒に入院していたときがあって、母のそばにいるだけで、とても嬉しかったのを憶えています。父は子煩悩な人で、たいへん可愛がられたようです。出張の多かった父は、ウイスキーボンボンやチョコレートなどいつもたくさんのお土産を持ち帰り、子供たちが歓声を上げるのを見て喜んでいました。もっともウイスキーボンボンは私の口には入りませんでした。加えて父はスポーツ万能でした。特に野球とテニスはセミプロ級だという自慢を耳にしたことがあります。さらに父は社交的でもあり、家によく人を招いては宴会が始まり、私は父のあぐらの中にストンと抱っこされていました。家事には中国人のお手伝いさんと、中国人のボーイがいました。

幼稚園でのことです。

みんながお小遣いで買い物をする楽しさを話していて、突然、「さっちゃんは何を買うの？」と訊かれ、私ははたと困ってしまいました。当時、私はお小遣いをもらったことがありません。欲しい物があればいつでも言いなさいという方針だったようです。特にあれが欲しい、これが欲しいという物がないくらい、いつも満たされていたからです。父母の教育方針がどういうものだったのかはわかりませんが、お金を出して物を買うことを知らなかったのです。だからこんなふうに答えたようです。

「あのね、お金がなくても、いつも行くお店で〝これちょうだい〟と言えば大丈夫だもん」と。「ウソだあ、ぜったい、そんなこと……」。誰も信じてくれません。「じゃあ、私と一緒に来てよ」と、それからがさあ大変です。ぞろぞろみんな付いてきました。お店で、「おばさん、みんなが信じてくれないの。わたし、いつもお金もってきたことないもんね。みんな、どれでも好きな物プレゼントするから、どうぞ！」と言ってしまったのです。

　おばさんはさぞ困ったでしょう。私は一人でお店に行ったことはなく、いつもお手伝いさんに付いていって、欲しいものをなんでも買ってもらっていたのです。勘定が月

実母・秋江（29才）の腕に抱かれて、私2才。
昭和12年頃、鞍山《あんざん》市にて。

末払いだったことも、もちろん知りません。そんな事情を知らないクラスメートに翌日から、羨しそうな目で見られました。あの一瞬、まるでヒロインにでもなったようないい気分でした。その件は、父からも母からも叱られることなく、ほんの少し注意されただけでした。なぜかこのことをくっきり覚えています。

小学校に上がったとたん、学校が嫌いになりました。勉強が嫌いなのではなく、クラスに腕白な男の子が多く、彼らは弱虫泣き虫の私を泣かせることがおもしろかったようです。そんなことが度重なって、あるとき校門まで見送った家人が帰るのを見届けると、私は教室に入らずに、近くの中央公園まで走って行きました。そこはアカシア並木がずらりと並び、アカシアの花の甘い香りがとても気持ちよかったのです。

アカシアの樹木が亭々とそびえたち、群れとなって整然とした街路樹になっていました。五月になると白い花房が満開になり（藤の花によく似ています）甘い香りが漂います。その匂いがとても心地よかったのです。正式には「ニセアカシア」という名前だと後で知りました。

公園の日当たりのいい場所に座って、『キンダーブック』『日本おとぎ話』『マッチ売りの少女』『おやゆび姫』『みにくいアヒルの子』『赤ずきん』などの絵本をランドセルから取り出して、そこにずらりと並べます。それから一人遊びです。空想好きな少女は、登場人物をそれぞれ設定して、あるときは『マッチ売りの少女』の世界にどっぷり入り込みます。主役はもちろん私です。そのうち、私よりももっと小さい子供たちが集まってきて、「おねえさん、絵本読んで」「いいわよ」と展開し、私は小さい子供たちに絵本を読んで聞かせていました。楽しかった。とくに『マッチ売りの少女』『みにくいアヒルの子』の人気がみんなにも高く、私も大好きな物語でした。私を中心にみんなが輪になって、来る日も来る日

父(37才)のひざの中でブランコ、私4才ぐらい。
昭和14年頃、鞍山市にて。

も、あのアカシアの下での天国のような時間はどのくらい続いたのでしょうか。でもそれがいつの間にか他人に目立ったようで、学校と親に通報されて終わりを迎えます。子供の頃の思い出の中でも、あれは私にとって最高の思い出でした。

## 「あなたの洋服を着てみたい」

その後、クラス替えになりました。

そのクラスには母子家庭の女の子がいました。いつも寂しそうに一人ぼっちでした。その様子を見て声をかけると、それからが大変。その子が「ねえ、家に遊びに来ない？」と誘うのです。誘われるまま彼女の家に行きました。その子は、私の洋服に興味があったようです。「一度でいいからあなたの洋服を着てみたいの」と言うのです。「いいわよ」と洋服を取り替え、「お姫さまみたい！」と喜ぶ彼女を見て、私もなぜか満足でした。特別おしゃれな服でもないのですが、その子は満足したのでしょう。取り替えたままの服で私は帰宅。次の日も、その次の日も、なぜか断れないままに彼女の家に行きました。その子は取り替えたまま、私の服を脱ごうとしません。これには困りましたが、私は強いことを言えない性格なので、否応なくそのまま遊んでいました。まるで着せ替え人形です。家の人は、行くときと帰りが違う服に、いつもビックリしていたはずです。あるときついに、「いつも誰の家に行ってるの？　その子の名前は？」と詰問されました。

その子にはお父さんがいません。正直に名前を明かすとその子がかわいそうな気がして、絶対に名前が言えません。次の日、とうとう家に帰りづらくなって、仕方なく夕方、知っているお巡りさんのいる交番に行きました。そこのお巡りさんが温かい優しいおじさんでした。白い鼻ひげで、象さんのような優しい目。おじさんを見ているとなぜか安心して、本当のことを全部話しました。迎えに来た父とお巡りさんは長いこと何かを話していました。怒られるのを覚悟していたのですが、父は叱りませんでした。

なぜ叱らなかったのか、いまだにわかりません。私が親だったらどのように対処したでしょう。やがて、その子はどこかへ転校していきました。今でも兄にそのことを言われると、冷や汗が出て、身が縮む思いがします。家の人に本当のことが言えない後ろめたさがあり、何より「いやよ」と断れない自分の性格が情けないと思っていたのでしょう。心に残っているのは大好きだったビロードのワンピースです。あのおしゃれな洋服を返してもらえなかった悔しさを思い出します。

小学二年生の遠足では、こんなことがありました。男の子たちが摘んだタンポポをわざわざ道に捨てて足で踏みにじっているのです。「やめて、お花が泣いてるから……」と私は悲鳴を上げました。「花が泣いてるだって？　花が泣くもんか」と、面白がって、タンポポを摘んでわざと足でめちゃくちゃに踏みにじるのです。私の目の前で……。タンポポがかわいそうで、心がとても痛かったです。タンポポの黄色がいつまでも胸に焼きつきました。

## わが家の人々

母方の祖母、安《やす》おばあちゃまは日蓮宗の信者でした。仏前でドン・ツク・ドンドンと太鼓をたたきながら、よくお務めをしていました。お付き合いで兄と私も座らせられました。そのあとのご褒美のおやつがお目当てです。モダンなおばあちゃまで、宝塚ファンらしく、当時としては珍しい断髪でした。虚弱体質の私をことあるごとに「さちこ、さちこ」と庇《かば》ってくれました。昭和十六（一九四一）年九月二十六日に亡くなりました。そして翌昭和十七年三月三十一日、三十四歳で母が亡くなりました。前年一月二十五日に弟保定《やすさだ》を産んだばかりでした。病弱な母だったせいでしょうか、弟も私と同じように未熟児でした。なぜか母の記憶は少なく、座敷で臥《ふ》せている姿しか思い出せません。

昭和十八年（一九四三）年、父は沼田高速機械（株）に転職します。同年六月に父の再婚。遠縁にあたる新しい母ができたことが、とても嬉しかった。今から思えば、四人の子持ちの父に嫁いだ清子母は、大変だったと思います。昭和十九年（一九四四）年四月八日、妹節子の誕生。

実母 秋江。似てるかしら…？

昭和二十年（一九四五）年三月、父が工場の責任者として、吉林省図們《ともん》市に転勤します。

同じ年、姉は鞍山の日本人のもとに嫁ぎました。中学生になった兄は通学のため、鞍山の知人宅に寄宿することになり、図們市での暮らしは父と新しい母、弟（保定）、妹（節子）、そして私の五人になりました。

ところが転居して二カ月後の五月、突然、四十五歳の父に召集令状がきました。この年で召集令状とはかなりの老兵のはずですが、在満の四十五歳までの日本人男子はすべて招集されたそうです。父は私の頭に手を乗せて「お父さんはお国のために戦争に行ってくるから、幸子はお母さんや弟、妹と仲良く暮らすように。そして、女の子はありがとう、ごめんなさい、を忘れないようにして、誰からも愛される人間になりなさい」と言い残しました。あの言葉、そしてあのときの父の大きな掌の感触は、今もしっかり残っています。「ありがとう」「ごめんなさい」、どちらも素直でなければ言えない言葉。何より素直であれというのが父の願いでした。いま思うと、私にとって何よりもありがたい遺言となりました。後で述べますが、父は牡丹江《ぼたんこう》へ出征後、敗戦を迎え、その後、シベリア抑留中に戦病死します。

## 日本が敗けた日

昭和二十（一九四五）年八月、私は十歳。五年生でした。

世間が急にあわただしくなります。このままでは危ない、街から出なさいとの避難命令で、私たち日本人は隣組の人たちと一緒に日本人街から慌しく脱出します。どこ

後列、母(29才)と父(35才)、前列左より、中国人ボーイ、
私(2才)、祖母、兄(7才)、姉(12才)。昭和12年頃鞍山市にて。

をどう歩いていたのか、毎日ただ歩いて歩いて、頭上では、ダダダダーン、ダダダダーンと機銃掃射の音。もう怖くて怖くて、あの音は今でも耳奥にしっかりこびりついています。広い高粱畑《こうりゃんばたけ》の中を集団で逃げ回っていました。

やがて昭和二十(一九四五)年八月十五日終戦。

「戦争は終わった。もう逃げなくていいんだよ」

誰かがメガホンで叫んでいました。

やっとの思いで自宅に帰ってびっくり。家の中は荒らし放題に荒らされて、どのタンスの中も空っぽ。私たちがいない間に、日本人街は軒並み空き巣の被害に遭っていたのです。家に帰る途中、母や私の服を着ていた朝鮮人を何人も見かけました。「あれ、不思議だな」と思っていたのですが、その謎が解けました。たぶん彼らの仕業だったのでしょう。

八月九日のソ連参戦後、大人の女性はほとんど頭は丸刈りの坊主頭で、顔は炭《すみ》で黒く塗り、いま思えば異様な感じなのですが、女性とわかると強姦されると皆が恐れていました。私たちの住んでいた家は大きな住居だったため、まっさきにソ連兵に占領されました。しかたなくオンドルのあるひと間だけの家に越しました。父は出征したまま帰ってきません。仕事も食べ物もありません。それでも昼間、母は婦人会の人たちと一緒に集団でどこかへ出かけていきました。留守の間は、私が四歳の弟と二歳の妹の子守です。私が小さな子供だったせいでしょうか、ソ連兵は大人たちが言うほど怖くはありません。むしろ優しいおじさんたちでした。私はソ連兵から、〝小さいママさん〟と呼ばれ、ボルシチ、バターライス、ピロシキなど本場のロシア料理をときどきお鍋いっぱいいただいて、みんなで食べました。私たちの住んでいた家にわが物顔で何人ものソ連兵が土足で入っていくのを見て悔しい思いをしていたので、最初食べ物を貰うの

新しい母・清子母(29歳)と父(43歳)、
昭和18年鞍山市にて。

は絶対いやだと私は頑なに断ったのですが、餓えてる状態だから、断わらないで貰いなさいと、周りの大人たちに説得されたのです。あのときのピロシキはおいしかった。いまどこのどんなピロシキを食べても、あの味には及びません。

## 父が出征して三カ月後の終戦

日本は敗けるとの予測を上層部は知っていたと後で聞かされましたが、一般の日本人には、それこそ寝耳に水でした。在満日本人はある日突然、住むあてのない難民になってしまったのです。ハイハイしていた頃に満州に連れて行かれたので、私には日本がどういう立場だったのか、中国に対して何をしたのか――そういう事情もわからずにほぼ十年暮らしたのですが、敗戦となったとたんに、私たち日本人は略奪者、侵略者と指差され、「この国からさっさと出ていけ」と罵倒され、天と地がひっくり返ったようでした。

人間同士が殺しあう、人殺しでさえも正当化させる戦争。勝っても負けても、大きな悲しみと後悔が残りました。また弱い者が犠牲を強いられ、男性より女性のほうが悲しみを負わされるものではなかったのでしょうか。無意味としか言いようがない。

戦争でどれほど多くの人たちが不幸になったことか、戦争だけは絶対にしないでと声を大にして言いたいのです。戦争がある限り、永久に、世界に平和はありません。

## 発疹チフス——弟、妹との別れ

昭和二十一（一九四六）年七月頃のことです。

当時、大流行だった発疹チフスに罹ってしまいました。毎日40度以上の高熱が続き、ただただ苦しかった。日本人男性は出征してほとんどいないため、誰かが朝鮮人の医者を連れて来てくれたのですが、伝染病とわかったとたん、連れて来た人も朝鮮人の医者も恐れをなして逃げてしまいました。そんな状態が幾日続いたでしょうか、夜も寝ないで親身に看病してくれた清子母にうつしてしまったのです。母も40度以上の高熱です。氷などありません。水枕も濡れタオルもすぐ熱湯のようになってしまいます。高熱のために、母はうなされながらしきりとうわ言を繰り返しています。「幸子ちゃん、もう少しがまんしてね。内地に帰ったら、こんな大きな鯛を食べさせてあげますからね。お父さまが待ってらっしゃる内地に帰りましょうね」。母は胸の上で両手を広げて、そんなことを繰り返しています。あの言葉を、忘れることができません。

その頃の私はアレルギー体質で、高粱を食べると下痢、青魚を食べるとジンマシンが出る状態だったので、食糧難のさなかに、どれほど母を困らせていたかわかりません。今でも、「お母さん、本当にごめんなさい」と申し訳なさでいっぱいになります。

熱病のため、苦しんでいる母。何の手立てもなく、ただオロオロしていた十歳の私。「誰かお母さんを助けて……」と、どれほど願ったかわかりません。どうしたらいいのか……母の両手や脚を擦《さす》ることしかなく、ただただ切なかったのです。ある夜、私がどうしようもない睡魔に襲われてウトウトとしていて気がつくと、清子母は亡くなっていました。あんなに、あっけなく死が訪れるとは……。清子母の身体も、顔も手も、触ると……とても、とても……冷たかった。

体温を失った清子母の身体からシラミがゾロゾロ行列をなして出ていく様は、いま思い出しても寒気がします。昭和二十一(一九四六)年八月三日。清子母は私たちの犠牲になって三十一歳の若さで亡くなりました。本当は私が死ぬはずだったのに……。清子母の遺体はどこに埋葬されたのか、わかりません。

不思議なことに、弟と妹は二人とも発病しませんでした。不衛生きわまりない環境。栄養失調で、身体中が皮膚病だらけ。私も同じでした。母が亡くなってこれからどうしたらいいのか、十歳の私にはわかりません。途方にくれました。夜になると、二歳の妹が母を恋しがって泣きます。すると四歳の弟も泣き出します。私も声を押し殺して泣きながら、タオルを噛みしめました。切なかった。幼い妹と弟を両手に抱きしめて、「大丈夫、大丈夫……」と言い続けていました。大丈夫というあの言葉は、自分自身に言い聞かせていたのかもしれません。不安で不安で、心細く、何日ぐらい三人でいたのか、それほど長くはなかったと思いますが、みんなが伝染病を恐れて、私たちはなかば見捨てられた状態に近かったような気がします。何を食べて、どのような生活をしていたのか、記憶にありません。おそらく、ご近所の皆さんのお世話になっていたのだと思います。

そんなある日突然、民生委員の方が王さんという中国人を伴って家にやってきました。民生委員の方が「親切な中国の人が、弟と妹さんを貰って育ててくださるというのでお願いしました。これがいちばんいいことなので」

「……」

私は何も言えません。何と返事をしたらいいのでしょう。否応もない弟妹との別れ。王さんは妹を抱っこして、弟の手を引いて去っていきました。幾度も幾度も振り返り、私を見つめていた弟の縋りつくような眼……。こうして、弟保定（四歳）と妹節子（二歳）は残留孤児となりました。髪は抜け落ち、皮膚病だらけの私は貰い手がなかった――とは後で知った事実です。もし私も残留孤児になっていたら、どんな運命になっていたのでしょう。民生委員の方の、「いちばんいい解決法なのよ。日本に帰るまで、あなたは前田さんに……」という意向で、その後、私は前田さんの家に預けられました。

前田のおじさんは優しい、慈悲深い人でした。親を亡くし、子供だけがとり残された状態を見るに忍びなかったのでしょうか、私を引き取ると申し出てくださったのです。私にとっては忘れることができない大恩人です。食べ物も何もない貧しいあの当時、よく決断してくださったものです。大人一人が生きていくにも大変な時代です。前田のおばさんは、私を引き取るのに反対だったようです。ことごとく私は邪魔者扱いされました。ご夫婦は再婚だったらしく、おばさんには私より二歳上の男の子がいて、異常なほどその子を溺愛していました。私のために夫婦喧嘩が絶えなかったようです。一人食べるのでさえ大変な時代、当然です。もっともおじさんが相手にしないので、おばさんが一人でカリカリ怒っていたような気がします。怒りの矛先《ほこさき》は当然私に向けられます。ヒステリックな甲高い怒鳴り声がする度に、私はいつもビクビク怯《おび》えていました。食事を与えられないのは常のこと。辛かったのは、感情的に、理由もなく折檻《せっかん》されることでした。叩かれたり、殴られたり、蹴られたり、なかでも辛かったのはつねられること。つねる行為は他人に見えないだけにとても卑怯です。それまで親に怒られたことも叩かれたこともなかっただけに、毎日生きた心地がしませんでした。よほど私が憎かったに違いありません。おじさんは陰になり日向になり、私を庇ってくれました。自分の分を内緒で私に食べさせてくれて、「我慢するんだよ。内地に帰るまでだからね……」と囁いてくれました。

それでも、いよいよ帰国することになりました。

無蓋貨物列車に乗せられて出発しました。ところが、出発したと思うまもなく「コレラが発生した！」と大騒ぎになりました。当時、発疹チフス、コレラ、赤痢などの伝染病がいたるところに蔓延《まんえん》していました。発症すると、すぐ収容所に強制収容されます。コレラの感染力は速く、バタバタと人が亡くなります。あちこちに遺体の山ができていました。あの人たちはちゃんと埋葬されたのかしら、と時々思い出しますが、見るからに恐ろしい光景です。食べ物がなく、皆が餓えていたのです。ときおり缶詰や物資が届きました。大人たちが狂ったように奪い合っていました。配給のはずなのに……。

私はといえば、ひどくお腹が痛くて痛くて、普通の腹痛ではありません。絞られるように痛く、絶えず激しい下痢です。我慢ができず、トイレらしいトイレもないなか、恥ずかしいと思う余裕もなく物かげで用を足していると、「あっ、この子、血便出してるよ。赤痢じゃないの？」と口々に大きな声が上がります。そんな日が何日続いたことでしょう。しかし、どうしたことでしょう、いつの間にか私の体調は良くなってしまったのです。発疹チフスも赤痢も伝染病なのに、医者にも診せず、何の治療もせずに、命が助かったのはどういうことなのでしょう。自分自身の生命力を時々不思議に思います。

## 帰国

昭和二十一（一九四六）年九月一日。いよいよ日本に帰国することが決まりました。新京（長春）、奉天（瀋陽）、コロ島経由で、五十日かけて興安丸で博多に上陸。私は、前田のおじさんの郷里鹿児島へ一時身を寄せます。内地に帰りたくて帰りたくて、暗記していた長崎県佐世保市の本籍の住所に、おじさんから手紙を出してもらったのですが、なかなか返事がきません。誰もいないのかしらと心配するうちに、やっと伯父（父の兄）から返事が届きました。本籍地ではなく別住所に住んでいたため手紙が届くのが遅れたのです。返事が来なければ、私はどこか奉公に出されていたかもしれません。伯母が迎えに来てくれたときは、本当に本当に嬉しかった。前田のおばさんと伯母との間で、私の養育費のことで揉めたことなど、私のことをめぐって、さまざまなことがあったようです。

佐世保の伯父の家に着くと、なんと消息不通だった姉と兄が迎えてくれました。兄よりひと足先に姉が、一歳になったばかりの姪を連れて鞍山《あんざん》市から帰国し、続いて兄も帰国していました。それぞれ別々に。互いに無事であったことに手を取り合って喜んだあの日を、昨日のことのようにありありと思い出します。とても嬉しかったです。兄は寄宿先の人たちと帰国したのですが、戦後、他人ばかりのなかで大変な苦労をしたと、当時の話になると必ず涙を流します。兄は当時十六歳。多感な年頃ですからどれほどの苦悩があったのか計り知れません。引揚げるまで、何度命の危険にさらされたかわからないとつぶやいていました。これは体験した当人にしかわかりえないことですから、私には想像することもできません。

姉もそれなりの苦労をしたはずですが、特に聞いたことはありません。私の思い出の中では、姉は楽天的な性格で、歌が大好きでした。ある夜、夢を見ていたらしく、寝言で歌う姉の大きな歌声に驚かされたことがありました。その後、姉の夫は四十八歳で脳梗塞になり、車椅子生活になります。後になって私自身が脳梗塞になり、同じ立場になって初めて姉夫婦の大変だったことが理解できました。以来二十年の介護生活。本当にお疲れさまでした。一人になった九十歳の姉は今も歌を楽しんでいるようです。

生母の想い出はほとんどありませんが、「清子お母さん」とはわずか三年でしたが、とても親密で仲の良い母子だったと思います。生母と変わらぬ愛情をそそいでもらったことを今さらのようにありがたいと思います。感謝の念があふれてきます。清子母はとても明るい人で、歌が好きで、いつも何か口ずさんでいました。とりわけ、「月の砂漠」を好んで歌っていました。「月の砂漠を……」を聴くと、今でも清子母の歌っていたそれと重なって、胸がキュンと締めつけられます。

《第2章》

# 初恋の人

# 結核を発病

昭和二十一（一九四六）年十月、伯父の家に姉、兄、私が身を寄せて生活するようになって間もなく、姉の夫が無事に復員帰国し、姉たち一家は別に世帯を持つことになりました。兄は建設会社に就職。佐世保市立赤崎小学校に五年生で編入学した私は五年生、六年生と、学芸会でなぜかいつも母親役を演じていました。主役ではありませんが、弟、妹の面倒を見る役が板についていたのでしょうか、自分で言うのもなんですが、好評だったような気がします。ところが運動がダメ。運動神経ゼロの私はドッジボールが大嫌いでした。ボールが恐くて、逃げ回るのに必死です。すると必然、逃げ回る私がターゲットにされました。愛宕中学校では文芸部に入り、新聞作りにガリ版に鉄筆で手書きしていたような気がします。文化祭ではやはり母親役を演じた記憶があります。もしかしたら、演劇の方に身を置いてたかも……なんて時々思います。演じるのは嫌いではありませんでした。

中学三年になって山澄中学校に転校。やっと兄と二人で生活することになりました。遠縁にあたる会社の社長に建ててもらった家に住むことになり、自分の居場所をようやく得たような気持ちになりました。戦後の貧しい時代のことですが、兄が「芸術新潮」と「暮らしの手帖」を購読していました。「暮らしの手帖」に、生活費をマッチ箱に三十一日に分けて暮らすと計画的な家計のやりくりができるという記事を読み、すっかりその気になって早速実行したのですが、これが簡単ではありません。その日の分がなくなるのです。その日の分がなくなると、翌日の分に手を付けてしまいます。やりくりが大変。とどのつまりは計画倒れで、家計のやりくりのむずかしさにお手上げになりました。当時は真剣でした。

この頃の写真がやっと一枚ありました。
佐世保南高校に入学。昭和26年4月。

中学三年の二月になり、いよいよ高校受験です。就職する人が多いなか、なぜか私は進学校を希望していました。私を扶養することになった兄は、自分が行きたかった大学を諦めて、私に夢を託して進学させてくれたのです。今のように塾などはありません。裕福な家庭の子は家庭教師を付けていたようですが、のんびり屋の私は特に受験勉強をした記憶もありません。ところが無事に県立佐世保南高等学校に合格しました。佐世保からひと駅、日宇《ひう》までの列車通学が新鮮で、毎日弾んでいました。

ところが通学一カ月ほどして体調がおかしくなりました。身体がだるく、食欲もありません、微熱が続く、寝汗をかく、咳が止まらない――。

診察の結果、肺結核という診断です。学校に休学届けを提出、自宅療養を余儀なくされました。あの頃は結核が大はやりで、死亡率ナンバー一は今日のようにガンではありません。結核による死亡率が非常に高かったのです。週一度のストレプトマイシン注射のために通院。あとは自宅で栄養を摂って安静にすること、それが最良の治療法でした。いま思うと贅沢な病気ですね。せっかく高校に入ってこれからというときですからとても悔しく、兄に申し訳ないと思いました。

## 俳句・短歌に親しむ

通院途中、立ち寄った図書館で、「俳句講座、短歌講座――初心者歓迎――」の文字に惹かれて俳句講座に参加して、初めて作った句があります。

気弱さのただ眼を落とす水中花

涙ぐむ瞳にふくれくる金魚かな

思索なき視野に向日葵《ひまわり》ただ太し

好奇心の旺盛な私は、短歌講座にも参加してみました。
初めて創った作品です。正真正銘の第一作です。

真実の心触れ合ふいま嬉しオレンジ色のジュース飲みつつ

こぼしたる水を吸ひゆく畳視つつ次第に自己の嫌悪は重し

短歌は北原白秋門下の木俣修《きまたおさむ》先生の主宰する教室です。同人誌「形成」の永石三男先生が講師で、何が何だかわからないまま入会していました。俳句よりも短歌のほうが自分の感情を詠み込むのにいいと思ったのです。「形成」佐世保支部の皆さんには、私が一番若かったので可愛がっていただきました。講師のお一人の吉川義明先生は小児マヒで脚がご不自由でしたが、明るい方で、その笑い声を聞きたくて吉川先生が営んでいらっしゃる古書店によく遊びに行きました。吉川先生が少年のように眼をキラキラ輝かせながらお話しなさる文学論、短歌論などを聴いていました。永石三男先生ご指導のもと、支部主催の歌会にはできる限り参加しました。

高校のクラスメートは、それぞれ大学進学や就職する夢を私に話してくれますが、療養中で目標のない私は、一人取り残される不安と、いいようのない寂しさ、焦燥感でいっぱいでした。そんな私を不憫に思ったのでしょうか、クリスマスに兄はオレンジ色のプリンセスラインのワンピースと、お揃いの可愛いバッグをプレゼントしてくれました。あまり外出できない私に、ぴったり似合うワンピースを時々買ってくれたこともありました。洋服だけでなく、シュークリームやフルーツがいっぱい載ったプリンアラモードもよく買ってきてくれたものです。

当時家の近所の江頭順子さんという女の子と仲良くなり、彼女とは「ジュン」「チコ」と呼び合う仲になりました。ほとんど毎日のようにわが家に来てくれました。私は食が細くあまり食べられなかったので、よく兄から「幸子と一緒に食べてやってね」と言われていたらしく、「私はあなたの食べさせ役だった」と今でも彼女に言われます。

当時の記憶に残っているのは、兄が少ない給料の中からレコードを買ってきてくれたことです。「トロイメライ」「チゴイネルワイゼン」「ペルシャの市場にて」「ユーモレスク」「ノクターン」「マドンナの宝石」「G線上のアリア」「白鳥の湖」「エリーゼのために」「ドナウ河のさざなみ」……懐かしい曲ばかり。あのレコードはどうなったのかしら？　その後入院したので、どこにいったのかわかりません。

## 父の戦死の知らせ

戦後十七年も経った昭和三十七（一九六二）年になって、牡丹江《ぼたんこう》に出征したまま消息不明だった父の消息がやっとわかりました。厚生省から、遺骨伝達式の知らせが届いたのです。その年の十月五日、佐世保市の大智院黒髪山《くろかみさん》で遺骨の伝達式（父を含め八柱）が行なわれ、兄夫婦と一緒に私も出席しました。消息不明で、何ひとつ情報のないまま、シベリア抑留中に病死したと突然の通知がきたのです。シベリアに抑留された人数、推計五十七万五千人。飢餓と極寒と重労働によって約五万五千もの人が犠牲になり、父もその一人でした。亡くなった日は昭和二十一（一九四六）年八月二日とありました。不思議なことに母清子が亡くなったのが昭和二十一（一九四六）年八月三日。父の死と一日違いです。父が呼んだのかもしれないとよく思います。

父の死を確認すべき術あらねばいづくへ吾の怒りを向けむ

すすり泣き漏れしがあちこちに拡がりて遺骨伝達の式に連なる

三月後の敗戦知らず征ちし父「お国のため」といふ言葉遺して

荒涼たる冬の景《けい》のみ目に浮かぶ父逝きしといふタシケント収容所

かさかさと遺骨にあらぬ遺骨鳴る吾に還りし父を抱けば

戦争を契機となして負ひて来し不幸は吾のみにあらずと思ふ

ずっと後になって新井満氏による「千の風になって」を聴いたときに、やっと私の気持ちが癒され、納得できました。

私のお墓の前で　泣かないでください
そこに私はいません　眠ってなんかいません
千の風に　千の風になって
あの大きな空を吹き渡っています
秋には光になって　畑にふりそそぐ
冬はダイヤになって　きらめく雪になる

朝は鳥になって　あなたを目覚めさせる
夜は星になって　あなたを見守る　(JASRAC 出 1507262—501)

それにしても中国に残してきた、あの弟と妹はどうしたのでしょうか。あの二人のことは忘れたことはありません。自分だけが帰国したという罪悪感に似た気持ちがいつも残っていて、それが私を苛《さいな》むのです。果たしてあの幼い二人は、生きているのでしょうか？　消息がまったくわからないままです。生きていて苦労しているのではないかしら？　どうか無事に元気でありますようにと、ただ願う気持ちでいっぱいでした。何もできない病人があれやこれやと悩んでいたのです。私が入院したために、兄は身を粉にして働いていました、私の入院費を捻出するために、昼も夜も働いてくれたのでした。

兄には申し訳ないことをしてしまい迷惑をかけました。

## 初恋の人

短歌結社「形成」を通じて一人の男性と出会いました。

彼の名は　秋満豊彦さん。

若手のホープとして注目されていた一人でした。私は彼の短歌に惹かれ、一ファンとして文通するようになりました。福岡県八幡市と長崎県佐世保市、遠距離ですから、写真の交換と文通です。彼の女性ファンは多く、私は憧れから「お兄さま」と呼んでいました。レポート用紙に、ときには詩を散りばめたような、いつも素敵な長い手紙が届きました。彼の字はとても几帳面で、一字一字まるで印刷したような文字でした。全国大会でやっと会うまでの二年間で、二人で交わした手紙はかなりの量になりますが、彼がこの世を旅立つとき、棺に全部納めました。

昭和三十一（一九五六）年夏、北原白秋ゆかりの地、福岡県柳川市で短歌結社「形成」の全国大会（九十名弱参加）が開催されることになりました。兄は病身を案じて行くことを反対しましたが、ぜひにと強引に頼んで出かけました。ドキドキしながら秋満さんと初対面。詠む歌とぴったりの繊細な感じの、瞳の大きな素敵な人。心臓をわしづかみにされたようでした。彼も高校三年のときに結核を発病して療養中で、シュバイツアーに憧れて医者になりたいという希望を持っている人でした。彼は「形成」佐世保支部で歌会があると、必ず参加して私に会いに来てくれました。

そんなあるとき、ショッキングな出来事がありました。朝早く六時半ごろ玄関のドアをドンドン叩く音。甲高い女性の声……恐る恐るドアを開けると、髪を振り乱した中年女性が立っています。その手にはナイフが光っています。ドキッとしました。あいにく兄が仕事で早く出かけていたので、彼と私だけです。二人だけなのを見て彼女はさらに逆上して、わけのわからないことをわめいています。そして私を殺すとナイフを向けたのです。彼が私を庇うと、彼女はますます混乱して手が付けられません。二人だけでいるのに何事もないはずはないと決め付けて、こちらの言うことを聞きません。純潔を疑われた私は本当に腹が立って、「そんなに疑うのだったら今から病院に行きましょう。お医者さまに証明していただきます」と、毅然と言い返していました。

とりあえず彼がその人を連れて帰りました。

彼からは「僕を信じよ」という電報が来ましたが……。当時は今のように電話も携帯もスマートフォンもありません。連絡手段は電報でした。彼は誰に対しても優しい人でしたから、誤解か、もしくは勘違いされたようです。熱狂的なファンがいることは聞いてはいましたが……。一方的に熱烈なラブレター攻撃だったり、ときには家に

後列右から8人目豊彦さん(○印)、後ろから2列目左から5人目私(○印)、豊彦さんと最初の出会い。
昭和31年8月4日、福岡県柳川市。北原白秋生誕地「形成短歌会」短歌全国大会にて。

押しかけてきたり、日頃から迷惑していたそうです。それにしても私の家がよくわかったものといま考えても不思議な気がします。その後彼女は、彼を通じて「恥ずかしくて顔を合わせられない、よろしく伝えてください」と、どこかへ転居したようです。

彼は誠実な人でした。

きちんと婚約して付き合いたいということで、佐世保の伯父に会いに来ました。二人とも病身だということで、結婚は病気が治ってからという条件で婚約が認められました。私の病状ははかばかしくなく、主治医に手術を勧められたので、彼の紹介で福岡県古賀町にある国立療養所「清光園」に入院。当時、東の清瀬、西の古賀といわれ、古賀町には国立の療養所があったのです。清光園はその中のひとつでした。両肺に病巣があったため、どちらか一方が落ち着いたら手術をするということで入院生活が始まりました。木造で冷暖房のない病室。今なら自然療法とでもいうのでしょうか、とても風光明媚な所で、安静時間が終わると、松林の中の散歩。自由時間には、フルートを吹く人やバイオリンを弾く人、ときどき詩吟の練習をする人がいたり、のどかで穏やかなひと時を過ごします。春は、菜の花畑、れんげ田の間を画家グループの人たちに付いて歩いたり、療養所の生活は懐かしく楽しい思い出ばかり。そんなある日、

平和記念公園にて初デート。昭和31年10月。豊彦さん25才、私21才。

婚約者の彼が入院してきたのでびっくりしました。

再発でした。彼の出現で病棟の女性たちが色めきだって大変な騒ぎになり、私は戸惑ってしまいましたが、私たちが婚約していることがわかって、騒ぎは静まりました。彼は短歌サークルを作り、初心者のための短歌講座や、積極的に地域の先生を招いて歌会を開き活動していました。

私の手術は左肺上葉切除で無事に終わったのですが、術後どうしたことか脚が立たなくなって、これには困りました。清光園創立四十年以来、前代未聞のことと言われましたが、毎日マッサージを続けたおかげで、二カ月経ってようやく歩けるようになりました。今ではとても考えられないことです。私の闘病生活は、発病して自宅療養から入院、退院まで、足かけ九年間におよびました。


春雷の鳴る夜を兆しくる熱に癒えむ自信のはかなく揺らぐ

窓下の枯れ草を犬が踏みゆけり脈の結滞しるき夜半《よわ》にて

昭和32年、22才。療養所にてモデルになってと頼まれ……

愛憎の思い激しき時にさへ物静かな娘《こ》と見られゐたりし

地にひそむ憤怒をここに見せしごと曼珠沙華かっかっと西陽に燃えて

告白に辻褄の合はぬ返事しつつ女といふを急に自覚す
（ある男性からいきなり告白されました。どぎまぎして何と答えたか、よく覚えていませんが、私も女の子と感じたときの歌です）

言はむとせし言葉を苦しき笑みにかへて背を向くるとき涙あふれぬ

誤解とかむ術なく友と別れきて宵のブランコに揺らるるしばし

不信の眼ひそかに宿す吾を置き明るきこと言へば明るき周囲

わだかまり持たざる微笑見せ合ふとも一度抱きし不信は消えず

虚勢はりて過ぎし一日のわが所作を思ひつつ夜半《よわ》の熱に耐へゐる

自らの命にかへて産み給ひし病身の母を想ふこの頃

急に苦しき呼吸となりて眼をひらく傍《かた》へによびたきひと一人あり

背中合わせに死とあるごとき日が続く癒えずとも一人のために生きたし

ルノアールの絵を見たき思ひしきりなり今朝のこころの棘棘《とげとげ》として

衰へて生きゐる蝿の羽透けり生きゐるもののすべて美し

身を賭けてなすべきことの吾にありや抱き起こされて見る冬の虹

わが死なば真実悲しむ人は誰手術前夜の月に真向ふ

枯れ果てし草にも通ふ生命《いのち》あり絶望の底より友よ強く立て

入院中もたびたび死の淵まで行きながら、その度に引き戻されたのはどういうことなのでしょうか。喀血し、腸結核になり、生死の境をさまよったこともあります。この子は生きて帰るとは思えなかった、いつ葬式を出すのかとハラハラしていたと兄は言います。丸まる四年半の療養所の暮らし。前後九年間の闘病生活でした。よく全快できたものと、今でも時々不思議に思います。病弱であることと寿命は、どうも関係ないようです。

ちょうどその頃、兄が結婚したばかりだったので、私の退院にあたって秋満さんと彼の両親に相談すると、いずれ家の人になるのだからと秋満家に身を寄せることになりました。入院中にも秋満家には有形無形どれほどの恩恵を受けたことでしょう。

秋満さんのご両親は、無理をしないで、ぼつぼつ身体を慣らしながら家事を覚えれば良いと私に言ってくださって、本当にありがたいと思いました。彼は手術待機で、

療養所にて、昭和33年夏。豊彦さん27才、私23才。

ひと足先に一時退院していました。

## 呼吸をしていない彼

秋満家では優しいご両親と大学受験の弟さんと彼の四人家族で、他に門司に嫁いだとくえお姉さま、東京に就職した弟さんがいました。家庭の温かさを思い出すのは何年ぶりのことでしょう。本当に久しぶりです。料理が上手で、大らかでおっとりした京都生まれの母上さま。私たちが結婚して生活するためには本屋が最も適しているとの結論で、玄関を改装して書店をオープンしてくださいました。当分の間、彼に引き継ぐまで母上が経営者。昼間は店員さんが二人。夕食後は彼と私の二人で店番。大好きなモーツアルトを聴きながら幸せなひと時でした。でも、ふと彼が見せる寂しい翳りのようなものが気になっていました。

「ね、何か気になることがあるの?」と尋ねると、

「もし僕が死んだらチコはどうなるのかな……」

その言葉にびっくりして

「とんでもない。そんなこと思っちゃ駄目駄目、絶対に」と私。

「かりに、かりにの話だよ」と彼。

そのような会話をしたのは彼が亡くなる二、三日前のことでした。

小雪まじりの二月の寒い朝、母上が「幸子さん、豊彦が大変!」と叫び声です。掃除をしていた私は何事かとすっ飛んで行きました。炬燵《こたつ》に寄りかかって苦しそうです。かかりつけのお医者さんに来ていただき、応急処置をして、発作が収まり、お医者さんは「これで大丈夫でしょう」と帰られました。顔を覗き見ると、真っ青の顔で苦しそうです。同じ姿勢のままで、このままが楽だからと、横になりません。夜十二時に再発作が起きて、再度お医者さんに往診してもらいました。

左から豊彦さんのお母さま(美智子さん)、とくえ姉さん、私、書店の店員さん、昭和35年秋。

「明日の朝には良くなっています」

その言葉を信じて、

「お母さん、お疲れでしょうからお休みください、私がそばについていますから」

「そうね、後で交代しましょう。何かあったら起こしてね」と母上。

朝からずっと同じ姿勢なので「苦しくない?」と訊くと、彼は「このままがいい」と言います。横になるのが苦しそうです。組んでいる彼の両手を握ると、よほど苦しいとみえて、私の手に跡が付くくらい強く握るのです。そして私を安心させようと無理に笑顔を作って、「大丈夫だよ、チコのために頑張るよ」と言うのです。どうしてあげたらいいのか、それがわかりません。自分が無力なのがとても情けない思いでした。長い長い、本当に長い夜でした。明け方、横になりたいという彼を腕に抱えたとき、「チコありがとう」とひと言。慌てて母上と大学受験中の弟を大声で呼んだときには、もう呼吸はしていませんでした。あんなに、あんなに、あんなに、あっけなく死が訪れようとは……。

東京に出張していた父上さまが帰宅して愕然としていた様子を思い出します。昭和三十六（一九六二）年二月十三日死去。二十九歳。病名、急性心臓衰弱症。お葬式の日は雪の降る寒い日でした。彼と一緒に生活した十カ月、楽しい日々は終わりました。もうすぐの挙式を目前にして……。

吾と共に写されはにかみゐる笑顔を切り抜きぬ遺影として飾るべく

吾を包みて大き掌なりし雪に佇つわが手の中に君の骨箱

わが癒ゆるために生きゐし君かとも六年の愛の過程に想ふ

妻と呼ばるることなく終わりし君との愛生きてゐて想ふ救ひの如く

吾が贈りて遺品となりしネクタイを想ひあふるるとき結びみつ

## 夢で見た観音さま

しばらくは、生きているのか死んでいるのか、魂をどこかに持っていかれたような毎日でした。空しくて虚しくて、自分が自分ではありません。

……そんな折、とても不思議なことがありました。

亡くなって数日後の夜中のことです。

「一度チコを思い切り抱きしめたかった」

「皆が見てて恥ずかしいから嫌よ」

「本当に愛し合っていれば恥ずかしがるのはおかしいよ」

彼はそう言って、思い切り私を抱きしめ口づけしたのです。息が苦しくて思わず私が大きな声を出したらしく、横に休んでいたとくえ姉さまが、

「チコちゃん、どうしたの？」

「今ね、豊彦さんから思い切り抱きしめられたの」

「まあ、あなたたち一緒に住んでいながら何もなかったの？　かわいそうに、豊彦ちゃん、想いが残ったのね」

とくえ姉さまは優しく私を抱きしめてくれました。

彼は、私を抱きしめた後、祭壇のお骨箱のなかにスーと消えたのです。いつもの久留米ガスリの格好で。あれは夢だったのでしょうか。あまりにリアルで、今でもはっきり記憶しています。私は時々不思議な夢を見ることがあります。その夢が現実になることも。それにしても、彼のいない家で過ごすのが辛いこと。見るものすべてが彼につながり、たまりませんでした。

そんななか、風邪をこじらせて寝込んでいたときのことです。

咲き溢れているお花畑、川の向こうに白ガスリを着た彼がいて、私に「おいで、おいで」と手招きします。川の水は透明で、川底の大小の石も美しい。深くはないのに流れは速い。私は「待って、待って」と走って追いかけようとするのになかなか追いつかない。そのとき、右上空のほうからサーッとひと筋の光が射して、とても眩《まぶ》しい。

あ、観音さまのお姿です。私に「来るな、来るな」と衣の御手《みて》を振られています。もう少しで彼に手が届きそうになったときでした。

「幸子さん、幸子さん」と誰かが私を呼んでいます。

その呼ぶ声がだんだん、だんだん大きくなって目を覚ましました。周りには秋満家の人たちとお医者さま。

「豊彦さんが呼んでるの、迎えに来てるから、豊彦さんのところへ行かなくちゃ……」

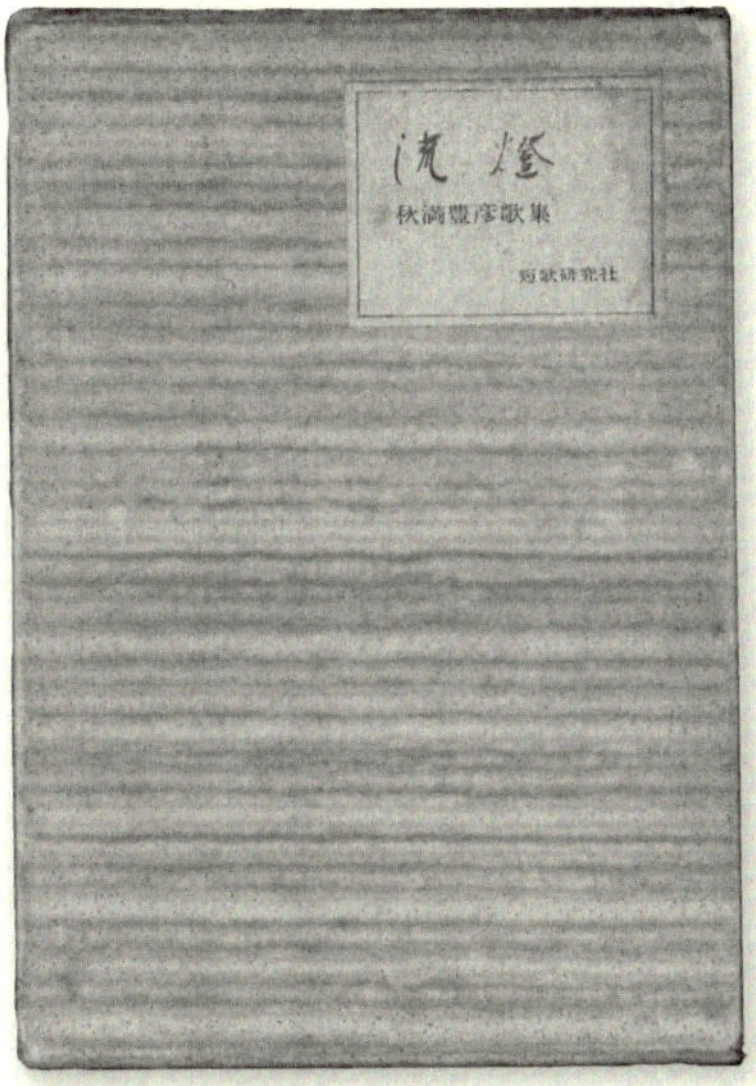

秋満豊彦さんの歌集『流燈』

「なに言ってるの、幸子さん、あなたはこれからしっかり生きてくのよ」と、母上が、伸ばした私の手をパンパンと強く叩きました。

私が「行かなくては……」と目を閉じたとき、

「幸子さん、あなたは行っては駄目。生きるのよ」と母上に強く手を引っ張られました。今度は、はっきり目が覚めました。

お医者さまが「もう大丈夫ですね。意識が戻りました」と……。

後で聞かされたのですが、そのすこし前にその医者から「ご臨終です」と言われたそうです。

あのとき死んでいたら……。

あのひと筋の光は……観音さまがこの世に引き戻してくださったのでしょうか。

彼が亡くなって、残されたものが何もありません。あれこれ考えて遺歌集を出版したらと気がつき、ご両親に相談し、木俣修先生をお訪ねしてご了解をいただきました。その一切を彼の歌友の有野正博氏におまかせしました。遺歌集は『流燈《りゅうとう》――秋満豊彦歌集』として昭和三十九年十月に短歌研究社から発行されました。

**秋満豊彦さんの歌**

吾に見開く瞳を歩道に待ちてをり花選る君の傍はなれ来て

君の手に洗はれて白きハンカチをたたむ時こころ縛られてゐる

夜の街に逢ひ終へむとき見つめ合ふたがひに白き息吐きながら

吾につながる不幸も負はむと言う君と歩めば触るる肩が小さし

**私の歌**

ひょうひょうと風吹くすすき野に佇ちぬ想ひはなべて君に抛りつつ

意志のなき人形となりゆく如き日々君のやさしさに溺らさるるな

柱にながく頭を凭《もた》せるき傷つかずに育つ愛など無いかも知れぬ

忘れゆきし君がライターいく度かひとりの部屋に火を点じみつ

それからしばらく経って、私があまりに元気がないので、「お兄さんの所に行って気分転換していらっしゃい」と言う母上の言葉に甘えました。

……このとき、私は心の中でひとつの計画を立てていました。秋満家を出て独り立ちしなければならないと。このままでは苦しくて耐えられないと兄にその決意を伝えました。自分を試すチャンスです。彼のいなくなった家で生活するのがあまりに辛すぎたのです。

友だちのジュンこと、江頭順子さんが大阪で自立していたのが頼りでした。彼女に相談すると、思ったより早く彼女から、面接があるので大阪に来るようにと手紙が届きました。

## 大阪へ

兄はびっくりして、「社会を知らない幸子が大都会の大阪でとてもやっていけるわけがない。まして病後だし勤めるなんてムリムリ」と頭から否定されました。しかし私の決意の固いことを知った兄は最後に、「身体が弱いのだから、無理だったら意地をはらずにいつでも帰っておいで」と許してくれました。

上阪しました。田舎者に見られたら大変と思い、ホームを出て、さっさと歩き始めたものの、どこへ行ったらいいやらさあ大変。まごついていると、彼女が先に見つけてくれました。迎えに来た彼女がホームで待っていたのに気が付かなかったのです。いのしし年生まれの私、少々、そそっかしいのです。

彼女の下宿先である豊中市の家に着き、翌日、面接。

キンケイ食品工業株式会社（カレーのメーカー）の大阪営業所です。履歴書に正直に高校中退と記入すると、「あのなあ、何でも正直に書く必要はないんだよ。高校卒業と書いたほうがいいよ」と所長に言われました。高校は、たった一カ月しか通学していないので、心が咎《とが》めました。所長は心の広い人で人情家。

「経理担当の人が急に辞めたので電話番が必要だから、今日から勤めてもらいたい」と即採用です。あらら、経理も、そろばんも苦手。二十六歳、社会人一年生の私に果たして勤まるのかしら。不安が残りますが、もう後戻りはできません。営業部員は十人くらい。事務員は私一人です。電話番どころか、経理から雑用すべてが私一人で、同じ事務所の中で別会社の先輩、江頭順子さんだけが頼りでした。こわいもの知らずの上に世間知らずだから、かえってよかったのかもしれません。着る物も用意してないので、彼女の服を借りて過ごし、あれもこれも彼女には本当にお世話になりました。数字が苦手で、ソロバンも不得手な私。仕事に、人に、慣れるのに必死でした。本社の経理から電話がくるたびに、ミスばかりでいつも謝ってました。ずいぶんご迷惑をかけましたが、気長に育てていただきました。みんな感謝です。

ゆらぎつつ底深くもつ恃《たの》めなさに仕事に人に自らに対《む》く

自らの心に鍵をかくるごと退社時ロッカーの鍵を確かむ

未婚吾の聞くことばにあらざれば談笑はなやぐ座をのがれきぬ

われを惹く何かは知らず花冷えの仏像展に一日過ごしつ

信じやすき性を又も利用されしか友の目を避けて夕光《ゆうかげ》に佇《た》つ

夜の闇に一つ浮かびし街灯のまたたきよ生きて何を為し来し

肉親の縁薄く生きてきし吾に常に温かき他人《ひと》の愛あり

私とは何者なるや今日もまた鏡の中の吾と向き合ふ

## 母の叱責

勝手に家を出て就職――。急転直下の展開です。目まぐるしい環境の変化に追われて、大事なことを考える余裕がありませんでした。秋満家に無断で取った自分の行動です。荷物も置いたままです。長い手紙に自分の気持ちと現在の生活のことを書いて投函したあと、会社から休暇をもらい秋満家に行きました。家に入り、仏壇に手を合わせていると、「幸子さん」と後ろから、それまで聞いたことのないような母上の怒りに満ちた声がしました。私の心は震え上がりました。

「あなたは、うちの嫁になる人じゃなかったの。一周忌、せめて新盆までいてくれても良かったのではないですか。丈夫な身体でもないのに、私たちは豊彦から預かった大事な人だから、あなたのこれからのことを真剣に考えていたのですよ。幸子さんはそんなに薄情な人だったのですか?」

ああ、大変です。どうしましょう。ご両親の深いお気持ちも知らず、相談もせずに……私は何という浅はかな裏切り行為をしてしまったのでしょう。自分のことしか考えず、勝手な行動を取ったことはどんなに詫びても許されません。

「今日は、とくえ(姉)の所に泊まって明日お帰りなさい。あなたの荷物は、大阪の住所に送り届けます」

いつものあの優しい母上ではありません。毅然とした姿は、私を寄せ付けてはくれません。とくえ姉さまの所へ行き、一部始終を話しました。とくえ姉さまは私の最も良き理解者です。

「あなたの気持ちはよくわかるわよ、だけど母の気持ちもわかってあげてね。あとで、あなたの取った行動が正しかった、間違いではなかったということになるから。私から折々にチコちゃんの気持ちは母に伝えておくから、大丈夫よ」

「ありがとう、お願いします」と、とくえ姉さんに後事を託して帰阪しました。

しばらくして、大阪に私の荷物が届きました。「困ったときにお使いなさい」とお金と一緒に添えられた手紙。母上の大きな愛情に、ありがたさと申し訳なさに涙がこぼれました。その後、こちらの誠意も通じたのでしょうか、折に触れ連絡をとり合うようになり、最後まで交流は続きました。母上さまは百歳の長寿を全うされました。本当にありがとうございました。

## 今の夫との出会い

兄は独学で一級建築士の資格を取得して、すでに上京して家庭を構えていました。「そろそろこっちに来て一緒に住まないか？」と言ってくれたので、上司に本社転勤を頼みました。昭和三十九（一九六四）年春上京。兄の家に同居して、そこから中央区八丁堀の本社に通勤することになりました。甥が二歳、可愛い盛りで私が唯一の遊び相手でした。会社から帰るのを待ちかねて「チャーちゃん遊ぼう」と飛んできます。絵本をよく読みました。なかでも『ちびくろサンボ』が大好きで何回読んだでしょうか。何度読んでも、おねだりされてまた何十回読まされたことか、懐かしい思い出です。近くの田んぼで、セリ摘みをしたり、ザリガニ捕りをしたり、池に笹舟を浮かべたりしたことも懐かしく思い出されます。今はすっかり住宅ばかりで、当時の場所がどこかまったくわかりません。

その年の秋、二十九歳。兄嫁の知人を介して見合いすることになり、今の夫雪田鴻《こう》一《いち》さんと初めて会いました。私には結婚する気などさらさらなく、義姉の顔を立てるだけのつもりです。ピンともカンとも響きません。たとえどんなに素晴らしい人が現われても、同じだったと思います。といって断る理由もないまま、お付き合いが始まりました。最初のデートは上野動物園でした。お猿さんの檻の前で私が面白そうに手を叩いて笑っていたとか（私には記憶がありません）。次は江ノ島水族館。映画にも行ったのですが、何を観たのか覚えていないのです。彼はもともと無口な人らしく、話題がなくてつまらないと思いました。しかし、これは私の心の中の問題です。

デートを続けていくことがしだいに苦痛になってきて、私のほうから「大事な話があります」と彼を呼び出しました。私は亡くなった婚約者のことを正直に話しました。その人を想ったまま結婚するのはとても失礼なことだから、このお話はなかったことにしていただけませんかと伝えました。すると彼はこう言うのです。

「亡くなった人はもう帰ってきません。あなたはこれから生きていかなければならないのです。ひとつ、僕にまかせてくれませんか？」

「ひとつ、僕にまかせてくれませんか？」
新婚当時（昭和40年4月）、夫（鴻一・32才）と私（30才）。

汗いっぱいかきながら無口な人がそう言うのです。

私に、その言葉はズキンと響いてきました。それまで気負っていた気持ちが一気に崩れて、肩の力が抜けました。まかせようと決めたら、気持ちがとても楽になりました。私ってなんと単純なのでしょう。

こうして、翌年昭和四十（一九六五）年四月十日に私たちは結婚しました。

君も孤独われも孤独にてかなしみを頒《わか》ちあひつつ生きむと思ふ

夫の知らぬ姑の一面われのみの胸にしずめつつ菜を刻みゆく

おだやかに吾を見る眼のあたたかし姑のもろもろ夫には言はず

心まで枯らして病むなクロッカス咲きし明るさを夫に告げつつ

貧しさは不幸にあらず吾が過去に似し逆境の人を励ます

兄の家に遊びに行くと、帰りが大変です。甥が追いかけてくるのです。今まで一緒にいた大好きなチコちゃんが彼と帰る――甥には結婚が理解できません。おばちゃんがおじちゃんに取られたと思って「こういちおじちゃん、大きらい」と大声で叫びました。そのうち夫にもやっと馴染むようになり助かりました。夫もよく甥と遊んでくれました。竹とんぼや、手作りの凧揚げ……。

夫は私と見合いしたとき、一瞬「これだ！」と直感したそうです。

彼は母一人子一人の家庭です。私にとっては親がいることがむしろ条件でしたから、うまくいく心づもりでした。けれども義母は息子を取られた寂しさがあったのでしょう。私たち夫婦が仲良くすればするほど面白くなかったのか、夫がいるときといないときの態度が極端に違うのです。そのことを夫には言えなくて苦しみました。悩みは身体に影響します。長期間の下痢。それに気がついた夫が出した結論は、別居でした。今まで一度も喧嘩したこともないのになぜ、となかなか納得しない義母を説き伏せて、別居しました。

## 書を学ぶ

日本橋の高島屋で女流書道展が開催されていて、川上柏翠《はくすい》先生の作品の前に立った瞬間、私はその迫力に圧倒されました。女性とは思えない力強さ。作品はたしか、「微笑」という漢詩のタイトルでした。微笑をもって人に接すれば春風起こる――そのような内容だったと思います。先生に初めてお会いしたときに言われた言葉が、「あなたは字が上手になりたくて習うのでしょう。私は小学校を出ていません。だから文字を覚えたくて始めたのです」。それを聞いて、私が師と仰ぐ人はこの方だと決めました。

「上手になる必要はありません。良い字を書いてください。私の真似ではなく、あなたがあなたの字を書くことが大事です」というお言葉です。

川上先生は大勢の兄弟の長女だったために、奉公に出されたそうです。縁あって豊道春海《ぶんどうしゅんかい》先生、天台宗の大僧正で書道の大家、そのご家庭のお手伝いさんになられ、のちのち女中頭になられたとか。川上先生の努力はすごいものでした。夜中に豊道先生が反古《ほご》にした紙を手本に、新聞紙に何枚も何枚も、字を覚えたい一心で練習したと聞いて、私は感動しました。あるとき豊道先生にそのことを知られて、教えてもいないのに豊道先生の字にそっくりだとびっくりされたそうです。豊道先生の晩年には、川上先生が代稽古を務めるまでになられたと伺いました。大勢のお弟子の中には不満を持つ人も多く、いろいろご苦労もおありになったようです。

川上先生は懐の大きな温かい方で、冬にお稽古に行くと、火鉢に埋めておいた焼き芋を、「ほら食べなさい、あったまるよ」と出してくださいました。にこやかな先生の笑顔とほのぼのとした雰囲気のひと時を想い出します。

先生はとても謙虚な方で、いつも「バカになりなさい」とおっしゃっていました。バカになれば楽だよと……。先生は、書道家になるのだったら独身を通せとの豊道先生の言葉に従って、生涯独身を通されました。

無邪気な性格で、ご自分のことを「ボクちゃん」なんておっしゃっていました。けれど川上先生のお稽古は初心者向きではなく、最初は戸惑いました。ご自分が書かれるのを「よく見てなさい」とおっしゃるだけ。後でわかったことですが、すでに教室を持っている人や、書家となって活躍している人たちが教えを請いに来るようなレベルの道場でした。

師と仰ぐ書道家・川上柏翠先生

とても厳しいのですが、私にとっては、そのすべてが勉強になりました。

毎年、東京都美術館の瑞雲《ずいうん》展に私も作品を出品するほか、上野の森美術館にも出品、その他にも川上先生主催の閑雅会《かんがかい》の社中展があり、忙しいなかに充実した日々でした。
「雪田《ゆきた》暉翠《きすい》」という雅号をいただいたことも懐しい思い出です。

《第3章》

# 「かんのんじ、かんのんじ……」

# 坐禅で、変わりたい

昭和五十（一九七五）年春、立川の中古公団住宅を購入したのをきっかけに、再び義母と同居することになりました。義母をどのように理解すればいいのか、仲良くしようと思えば思うほど空回りするばかりで、思うようにはいきません。夫にとってはたった一人の母親です。今まで他人に相談したことがない私です。どう対応したらいいのか、いい解決法はないのか……それぱかり考えて悩んでいました。

ある明け方、夢の中で「かんのんじ、かんのんじ……」との声が聞こえます。同じ夢を続けて二、三回見ました。明け方四時頃でしょうか……不思議だなあと思いながら、「かんのんじ、かんのんじ……」の声が気になって仕方がありません。そんなとき書店に立ち寄って何気なく手に取った本が『瑞法《ずいほう》の尼寺日記』（雲輪《うんりん》瑞法著　大法輪閣）でした。三鷹市北野にある観音寺尼僧専門の坐禅の修行道場で修行なさった方の本でした。私はそれを一気に読み終えて、「ここだ、私も坐禅がしたい。坐禅をして自分自身が変わりたい」と閃きました。思ったら即実行です。電話をすると、「ただいま接心中ですので、どなたにもお取次ぎはできません。十日過ぎに改めてお電話ください」と、丁寧な言い方のなかにも、人を軽々しく寄せ付けない厳しさ、凛としたお声です。いったいどんな所だろう。十日過ぎに再び電話をしました。「十八日が観音さまの日でみなさまお参りに見えます。よろしかったらその日にお出でくださいませ」と、先日と同じ人とは思えない優しいお声です。やがて待ちに待った六月十八日。これまで特別お寺に縁があったわけではありません。ご本尊さまは聖観世音菩薩さま。

三鷹観音寺の本尊・聖観世音菩薩像

初めてお会いしたのに、「あら、どこかでお会いしたかしら」というような懐かしさです。

「観音経」を全員で読経していると、ふと思い出したことがあります。花が咲き溢れた川の向こうで婚約者の彼が「おいで、おいで」をしています。彼の姿を追いかけるのですが、浅い川なのになかなか渡れません。もう少しで手が届きそうになったとき、上空からひと筋の光が射して、眩しい光の中に観音さまのお姿が現われ、私に「来るな、来るな」と衣の御手《みて》を振られてこの世に引き戻された……。そうです、あのときの観音さまに似ていらっしゃいます。不思議なご縁だなと思いました。

堂頭《どうちょう》さまからその時々に合ったお話があり、やがてお茶の時間。ひじきや野菜の入った混ぜご飯をいただいた後、堂頭さまとの面接です。「あなたは何のために坐禅をしたいの?」「二、三日同じ夢を見まして〝かんのんじ、かんのんじ〟と明け方の夢で呼ばれて参りました。坐禅でなんとか自分が変わりたいのです」と夢の話をお伝えすると、

「ほう、夢で? それは霊夢《れいむ》じゃな、観音さまに呼ばれるとはよくよくの縁。ただ坐禅とひと口に言っても、ここは一週間の行だ。我慢できるか」と、男言葉です。鬼の僧堂といわれるほど厳しいお方でした。

「わかりません」

「あんた、逃げて帰るんじゃないの?」

心の中を見透かされたようなお言葉に、「いいえ、最後まで頑張ります」と答えてしまった私。「よし、それでは八月の接心においでなされ」

もう後には引けません。和向会《わこうかい》という日曜参禅会があり、初心者はそこでまず坐り方を教えてもらいます。月に一度、七月の和向会で坐り方を教えていただき、いよいよ八月の接心です。それには夫と義母の了解が必要です。夫の了解は得たものの、義母は大変です。「お母さん、一生のお願いだから一週間お寺に行かせて。私のわがままを許して」。母はビックリして、「え、なんでお寺に？ 鴻一と別れるの？」。義母は私が出家すると勘違いしたのです。「ちがう、ちがう、必ず帰ってくるから」とようやく許可が出て「お母さん、ありがとう。元気に帰って来ますので、留守番、よろしくお願いします」。やっとお許しが出ました。嬉しかった。

一週間の外泊。もちろん初めてです。その前後を入れると七泊八日です。留守の間のおかずなどを冷凍し準備万端を整えて、修行に臨みます。昭和五十（一九七五）年八月二十日　午後三時半に到着。四時、晩課《ばんか》（夕べのお務め）、読経の後、夕食。初参加者は六名。明日からの接心中の心構えなどを聴いて、午後九時就寝。興奮してるせいかなかなか眠れない。朝早く起きられるかしら……。

しかし心配無用でした。午前三時振鈴《しんれい》。ガラン、ガラン、ガラン……。すごい音に飛び起きて洗面を終え、すぐ禅堂に。もうすでに皆さん坐っておられます。定められた自分の場所に一礼して坐る。一炷《いっちゅう》（一回の坐禅の時間）四十分。出家も在家も同じように坐ります。

暁天坐禅《ぎょうてんざぜん》（朝のお務め）が終わると朝課《ちょうか》の読経。五十七仏の称名《しょうみょう》といって、釈尊から歴代祖師の御名《みな》を唱える勤行があり、白隠禅師の「正宗国師坐禅和讃」をお唱えして終わります。禅堂で朝食。食事の前後に唱えるお経があり、食べ方にも作法があります。日頃おいしい、まずいと言いながら食べていることが恥ずかしく、ひと言ひと言が心に響きます。

**五観の偈《げ》**（曹洞宗で、食前に唱えるお経です）

一《ひとつ》には功の多少を計り彼の来処《らいしょ》を量《はか》る
「この食を育てた天地の恵みを慮《おもんぱか》り、そのご縁を思って感謝します」
二《ふたつ》には己れが徳行の全欠《ぜんけつ》を忖《はか》って供《ぐ》に応ず

「私は食を受けるに足る徳分があるだろうかと推し量って供養を受けます」
三《みっ》には心を防ぎ過《とが》を離るることは貪等《とんとう》を宗《むね》とす
「執着心を防止し、欲からおこる罪を離れるには、貪《とん》、瞋《じん》、痴《ち》の三毒を離れることが根本的に必要です。貪はむさぼり、瞋はいかり、痴はぐち」
四《よっ》には正に良薬を事とするは形枯《ぎょうこ》を療ぜんが為なり
「まさに食物という良きくすりをいただくことは身体の枯渇を治療するためです」
五《いつっ》には成道の為の故に今此の食《じき》を受く
「真理の道を達成するために、今祈りと誓いを新たにしてこの食をいただきます」

**「法句経」七仏通誡《しちぶつつうかい》の偈《げ》**（仏教の基本と教えられたお経です）

諸悪莫作《しょあくまくさ》
衆善奉行《しゅぜんぶぎょう》
自浄其意《じじょうごい》
是諸仏教《ぜしょぶっきょう》

「諸々の悪をしてはいけない。衆の善は大切に行ないなさい。そうすると自らその意を浄めることになる。これが仏教の教えです」

悪いことはしない、善いことはします。

私にもわかりました。

## 「涅槃教《ねはんぎょう》」四句の偈

諸行無常《しょぎょうむじょう》
是生滅法《ぜしょうめっぽう》
生滅滅已《しょうめつめつい》
寂滅為楽《じゃくめついらく》

「全てのものは、うつろいゆく。それは生まれて、やがて消滅していくものである。生滅にとらわれる思いを超えれば、そこには永遠の安らぎの世界がある」

朝食を終え、掃除の後は再び坐禅。九時にお提唱《ていしょう》（禅宗での教義の大綱《たいこう》を示し説法すること）の時間。たしか「無門関《むもんかん》」（中国宋時代に無門慧開《えかい》によって編集された四十八の公案集）だったと思います。休憩時間なし。夜九時の開枕《かいちん》（終わり）まで徹底して坐る。一切無言の行。自他修行の邪魔になるので、人と目を合わせない。まったく日常の生活とかけ離れた世界です。テレビも新聞もない。こんな世界があったとは、すべてが新鮮です。人格向上を目指すことが大事だというご指導を受けます。

止静鐘《しじょうしょう》（鐘三回）坐禅の始まり――経行鐘《きんひんしょう》（鐘二回）――坐禅――放禅鐘《ほうぜんしょう》（鐘一回）で坐禅の終わりです。坐禅と坐禅の間に行う経行《きんひん》（坐禅のあと眠気を防ぎ、足の疲れを休めるために行なう歩行運動）、禅堂を三回静かに巡ります。

午後九時開枕《かいちん》になり、「生死事大、無常迅速、おのおのよろしく醒覚《せいかく》すべし」。トーントントントントンと木版《もくはん》を打つ音。維納《いのう》和尚さまの朗々としたお声、そして禅堂の前で深々と頭を下げておられる姿に感動して、なぜか自然に涙がこぼれます。一人一人頭を下げて、私も深々と、「ありがとうございました」の一礼をします。それから本堂に布団を敷いて就寝。これが一日のあらましでした。

新潟、長野など他県からも尼僧さまが修行に見えていました。すべて自分の心に向き合う時間。慣れるまでがとても大変です。足が痛い、腰が痛い、そう感じると四十分の長いこと。痛くなると、五分どころか一分でも苦痛です。終わりの鐘がただ待ち遠しい。

三日目に初参加の一人が脱落。朝の暁天坐禅のときに、堂頭さまから「覚悟して参加したはずなのに途中で脱落するとは情けない。こんなことでは、何をやっても駄目だ。人生の落伍者になるな」と、残る五人にありがたいお言葉です。喝を入れられたおかげで、ふらつきかけた心が引き締められ、心新たに坐ります。

坐禅の基本は呼吸法です。四十分がとても短く感じるときもありますが、眠くなったり、良い匂いがすると、あれは何かしらと、その先から先を追いかけたり……自分自身との戦いです。心とは何か？　意馬心猿《いばしんえん》（馬が奔走し猿が騒ぎたてるのを止められないように、煩悩《ぼんのう》、妄念などが起こって心が乱れ、煩悩を制御することの難しさ）と例えられるように、心はコロコロ動き、片時もじっとしていません。心を掴まえることはできません。自分ではどうしようもない煩悩、諸々の我見を取るために、堂頭さまは叱咤激励してくださいます。

# 「ものひとつもたぬ袂の涼しさよ」

何日目だったか、お提唱の時間に、「ものひとつ持たぬ袂《たもと》の涼しさよ」と堂頭さまが腕を上げて袂をサラサラ振られておっしゃいました。「いいですね。この境涯は……」。蝉時雨《せみしぐれ》のなか、その言葉が飛び込んできたのです。あーいいな……私もそうなりたいと思いました。一点に集中していくうちに心の中の雑念が取り払われたのか、あれほど邪魔になっていた音も匂いもまったく気になりません。どんどん透明になっていく感じ。真剣に坐れば坐るほど、警策《きょうさく》も痛くありません。むしろ警策を跳ね返す感じなのです。

七日目、最後の夜の解除のあと、本堂で堂頭さまはじめ全員で行茶《ぎょうちゃ》、茶話会の時間。典座《てんぞ》和尚さまの心のこもった、串にさした煮物（昆布、大根、人参、じゃがいも、こんにゃく等）。これは、立場もそれぞれ違う人間同士、自我を殺して一緒に仲良く修行しましょうの意味と聞きました。終わったという開放感で、みんなニコニコ笑顔です。仲良しになった幕内明子さんと布団をくっつけてひと晩中話をしたのも懐かしい思い出です。

一週間修行させていただいた会費が二千円。あまりに良心的なので驚きました。翌日お寺を去るとき、なにか後ろ髪を引かれるような思いでした。独身だったら迷わず出家していたかもしれません。お寺での生活が嫌いではない自分に気がつきました。読経《どきょう》も木版の音も、鐘の音も大好きだとわかりました。接心前と、終わった後の心の変化も大きかった。雲散霧消《うんさんむしょう》というのでしょうか、あれやこれや悩んでいた心のなんと軽やかで、爽やかなこと。「苦悩が多いほど、楽になる」と、堂頭さまがおっしゃられたことがわかりました。

帰る道で仰ぐ空の色の美しい青、白い雲、木々の葉の緑。道端の草花の愛らしさ。アリンコすらも可愛い。すべてが生き生きと輝いて見えます。今まで見ていた景色がまるで一変しているのです。ランランラン……駅まで帰るのに、まるで子供のようにスキップしながら……。元気に帰宅したので母は安心したようです。あれほど気になっていた母のことがまったく気になりません。問題は相手ではなく、自分だったのです。コロコロ変わる自分の心です。ところがこの自分がいちばん厄介で大変です。自分を変えるのは容易ではありません。

それ以来、観音寺には十八日（観音さまの日）はもとより、和向会《わこうかい》（日曜参禅会）、仏教講座、「修証義《しゅうしょうぎ》」（道元禅師の「正法眼蔵」から文言を抜き出して編集された曹洞宗の経典）のご講義も、面白くて楽しくて、夢中でせっせと通いました。とくに「修証義」は素晴らしくて、人間の生き方を学ぶことに感動して、このお経が大好きになりました。

観音寺は、原田祖岳《そがく》老師（曹洞宗の僧侶で、臨済宗の禅も兼修された高僧）が、尼僧を教化するには女性でなければという想いから建立された尼僧専門の道場です。昭和十（一九三五）年二月に原田祖岳老師の元で参禅修行された長澤祖川禅尼《そせんぜんに》さまが観音寺の初代堂頭として任命されました。昭和十年といえば私が生まれた年です。何か因縁浅からぬものを感じます。正しい仏教に出会えたことの喜びとありがたさに、しみじみ感謝したことでした。

以下は、このとき以来愛称するようになったお経です。

## 「般若心経」から

「生老病死」という四つの苦に加え、

愛別離苦《あいべつりく》「愛する人と別れなければならない苦」

怨憎会苦《おんぞうえく》　「恨んだり憎んだりする人と会わなければならない苦」
求不得苦《ぐふとっく》　「求めるのが得られない苦」
五蘊盛苦《ごうんじょうく》　「色・受・想・行・識の五つの感覚が働くことで、自分の思い通りにならない苦」

の四苦を合わせて、四苦八苦と教わりました。そうですね、私たちはこうして四苦八苦しながら生きているのですね。

**「懺悔文《さんげもん》」**（華厳経普賢行願品《けごんぎょうふげんぎょうがんぼん》）**から**

我昔所造諸悪業《がしゃくしょぞうしょあくぎょう》
皆由無始貪瞋痴《かいゆむしとんじんち》
従身口意之所生《じゅうしんくいししょしょう》
一切我今皆懺悔《いっさいがこんかいさんげ》

「私がかって作った所の多くの悪しき心と行為の縁は、皆、初めを知らない程に深い貪《むさぼ》りと、怒りと、愚かさによります。それは私の身体と口と心の三業で作りだしたものです。それらすべてを私は今みな懺悔いたします」との意味だと教えていただきました。心を汚す三毒とは、貪《とん》(むさぼり)、瞋《じん》(いかり)、痴《ち》(ぐち)。ことに口は災いの元。消しゴムで消せない。いかに口が悪業の元になるかを特に戒めています。

**道元禅師のお言葉**

仏道をならふといふは、自己をならふなり。
自己をならふといふは、自己をわするるなり。
自己をわするるといふは、万法に証せらるるなり

**「法句経」**

「おのれこそおのれのよるべ　おのれをおきて誰によるべぞ　よく調えたおのれにこそまこと得がたきよるべをぞ得ん」
自分の人生は自分だけのもの。自分を拠りどころとして、自分の問題は自分で解決

しなければならない。結局、自分の心磨きなのですね。

**「法句経」**

「怨みにむくゆるに怨みを以ってすれば、怨みは永遠につきることなし」

そうですね、人を憎み、怨むことは恐ろしいことだと思いました。

**「法句経」**

「すべて悪しきことをなさず、善いことを行ない、自己の心を浄めること。それが諸々の仏の教えである」

これは素直にわかりました。

**「法句経」**

「もしひと　よきことをなさば　これを　またまたなすべし
よきことをなすに　たのしみをもつべし　善根《よきこと》をつむは　幸いなればなり」
これも本当にそうだと想いました。

**無財の七施とは**

(一)捨身施《しゃしんせ》――身をもってできることをする
(二)和顔施《わげんせ》――誰とでも笑顔で接する、微笑みは世界共通のパスポート
(三)心慮施《しんりょせ》――心くばり、思いやり、温かい心の施し
(四)慈眼施《じげんせ》――あたたかなまなざし、へだてなく見守る
(五)言辞施《ごんじせ》――いつもどこでも、誰にでも真心で語りかけること
(六)床座施《しょうざせ》――席をゆずること、会社などで後進に席を譲る等も含む
(七)房舎施《ぼうじゃせ》――住んでいる家や場所を他の人のために役立てること

## 八正道とは

(一)正見《しょうけん》――仏法「真理」を知る正しい見方
(二)正思惟《しょうしい》――正しい考え方
(三)正語《しょうご》――正しい話し方
(四)正業《しょうごう》――正しい行い
(五)正命《しょうみょう》――正しい生活
(六)正精進《しょうしょうじん》――正しいことに努力する
(七)正念《しょうねん》――無念夢想の境地、即今の心で生きる
(八)正定《しょうじょう》――静慮し禅定でいること、ついには大悟する

これも大好きな言葉です。

人……は大きく先にして

己……は小さく
腹……は立てずに横にして
心……は丸く
気……は大きく

私は木喰上人《もくじきしょうにん》の「みな人の心をまるく、まん丸に、どこもかしこもまるくまん丸」という歌が大好きで、このようになりたいと思いました。また仏教詩人、坂村真民《さかむらしんみん》先生の「念ずれば花開く」の言葉を、何かある度に祈る気持ちで唱えていました。

観音寺のお施餓鬼会《せがきえ》（毎年八月十日）も楽しかったですね。

参禅者有志が台所で、おにぎり、煮物、揚げ物、酢の物等々それぞれが活躍します。煮物も、揚げ物、酢の物もおいしい。ベテラン主婦ばかりです。私はおにぎり担当です。梅干を入れる人、海苔を巻く人、多いときは十キロ近いお米を炊きました。炊き立てがおいしいので火傷《やけど》寸前、手を真っ赤にしながら握ったおにぎり。参詣に見えた皆さんに食べていただくので大忙しです。接心で鍛えられているので、みんなキビキビと動きが機敏です。疲れているはずなのに、終わった後の充実感。皆で談笑しながらいただく食事の特別に美味しかったこと。どれもこれもいま思えば懐かしい想い出です。

## 我執が出たらお経を唱える

それでも日常生活を送るうちに、またムクムクと、どうしようもない我見が頭をもたげてきます。接心で心のクリーニングをしたくなります。坐禅は、本当にありがたいのです。四月、五月、六月、十月、十一月、十二月が定期の接心で、二月と八月に臨時の接心があります。坐っているのは辛いのですが、終わった後の爽快さがあるので、できるかぎり参加しました。

観音寺は、二代目の長澤祖川尼《そせんに》さまが東堂さま（引退された住職）となられ、長澤節定尼《せつじょう》さまが堂頭さまになられました。お二人のお師家さまに坐禅の尊いご指導をいただいて、何より幸せな良き時代でした。長澤祖川尼東堂さまは亡くなる日までお元気で、天寿（百一歳）を全うされました。

お二人が亡くなられた現在は、立派な観音堂が建立されて、十一面観世音菩薩さまがお祀《まつ》りされて、尼僧さまが観音寺を護っていらっしゃいます。春、秋には花が咲き溢れていて、誰でも気軽に訪れやすい、風通しの良い、明るい爽やかなお寺になっています。

西国、坂東、秩父の百観音巡りに「般若心経」の写経を納経させていただいたことも懐かしいです。その頃、「般若心経」を日に最低でも一枚、毎日、だいたい十枚以上は自分の行として写経していました。

三鷹観音寺・十一面観世音菩薩像

長澤 節定尼さま(堂頭《どうちょう》さま)

長澤 祖川 尼さま(東堂さま)

観音さまにご縁をいただいて覚えた「延命十句観音経《えんめいじゅっくかんのんきょう》」は夢の中で唱えていることもありました。

観世音南無佛《かんぜおんなむぶつ》
与佛有因《よぶつういん》
与佛有縁《よぶつうえん》
佛法僧縁《ぶっぽうそうえん》
常 楽我浄《じょうらくがじょう》
朝念観世音《ちょうねんかんぜおん》
暮念観世恩《ぼねんかんぜおん》
念念従心起《ねんねんじゅうしんき》
念念不離心《ねんねんふりしん》

原田祖岳老師の『延命十句観音経講話』『延命十句観音経霊験記』(大蔵出版刊)、い

く度も繰り返し読みました。霊験あらたかなお経だから、常に唱えているようにと堂頭さまから言われていました。

## 無関心の悲しさ

ベランダから富士山が見える立川の住居から、昭和五十三（一九七八）年秋に羽村に引っ越すことになりました。私は気に入っていたので心が残りましたが、エレベーターがなく、五階までの階段の昇り降りは母には苦痛です。母の通院に付き添って行っていたある日、横断歩道の真ん中で、突然、母が歩けなくなってしまいました。前にも後ろにも足が動かないのです。おまけに赤信号になりました。左右の車に合掌して、「お母さん、一緒に道路を渡ってね」とやっとの思いで渡って……ヘタヘタヘタ。二人で座りこみました。こんなときこそ「念彼観音力《ねんぴかんのんりき》」（「観世音菩薩普門品偈」の中の一句）です。観音さまを念ずれば必ず護られるというお経です。

ところが周りに声をかけても、誰一人見て見ぬ振りです。あてにしていたわけではありませんが、あらためて他人の無関心には驚きました。タクシーも空車がなかなか通りません。やっと一台の空車、「すみません、母が動けないので車に乗せていただきたいのですが」「困ったな、昨日ぎっくり腰になっちゃったんだよ。だけどかわいそうだよな、おれ、オフクロ思い出したよ。なんとか頑張るから、お婆さん、俺にしっかり掴まっててくれよ」と義母を抱きかかえて車に乗せてくださった運転手さん。なんと良い人でしょう。家まで送っていただきました。その運転手さんが観音さまに思えて、思わず合掌して拝みました。そうしたら、「奥さん、やめてくれよ。当たり前のことをしただけだから」と、さり気なく〝当たり前のこと〟とおっしゃったのです。自分が辛いのにもかかわらず助けてくださった行為に感動しました。恩着せがましいことを一切言わずに……。別れるとき、握手をすると、なんとも爽やかな素晴らしい笑顔でした。

でも、それからが大変でした。

急に母が弱って、様子がおかしくなったのです。主治医に訊きますと、こともなげに、「パーキンソン病だから治るのは無理だよ」。それからの母はお漏らししても、それを隠すようになりました。おそらく私に遠慮があって恥ずかしかったのでしょう。素直に甘えるには勇気が必要です。

これは後々、私自身が体験してよく理解できました。「お母さん、遠慮しなくていいのよ。恥ずかしがらないでちゃんと言ってね」。でも自宅での介護は限界がありま す。今のように介護制度のない時代ですから、施設を探すのもひと苦労でした。「あんたにこれ以上、下《しも》の世話まで苦労かけるのは悪いから」と、母は青梅の老人病院に入院。前夜、母の好きな茶碗蒸しを作ってさしあげると、「おいしい、おいしい」と食べてくれました。申し訳ない、切ない、複雑な気持ちでした。

## ご詠歌とのご縁

兄嫁の女学校時代の友人、森千鶴子さんは観音さまが大好きで、「ご詠歌を習いたい」とおっしゃるので、西日暮里にある正覚寺《しょうかくじ》にお連れしました。ご住職は山田宣宗《せんしゅう》さま。ご住職さまとは、私が観音寺にご縁をいただいた頃、ちょうどご修行にいらしていて、禅堂でご一緒に坐禅をさせていただいたお友だちです。皆さまのご詠歌のお稽古を見学させていただいて、ご詠歌と鈴《れい》、鉦《しょう》の響きの心地よさにすっかり魅了されました。森さんは、「難かしそうだけれど、雪田さんが一緒なら」と言われるので、二人で始めることになりました。私もコーラスの経験はありますが、コーラスとは全然ちがい、独特の抑揚、節まわしの難しさがあります。難しいけれど、とても心

西日暮里の正覚寺にて、ご詠歌のお仲間と。平成16年新年会。
前列左、私。3人目、山田宣宗住職。

が落ち着きます。鈴、鉦の響きに癒されるのです。毎年春に全国奉詠大会が日本武道館で行なわれます。秋には東京奉詠大会がありました。各宗派にもそれぞれご詠歌があって、曹洞宗は「梅花流詠讃歌」です。大会といっても優劣を競うわけではありません。それぞれの講との親睦と研鑽。審査の先生方の講評がとても参考になりました。

　ご詠歌を始めたことで、さらにお寺とのご縁が深くなり、永平寺別院（長谷《ちょうこく》寺《じ》）には毎年講習会や、ご詠歌の検定のためによく通いました。總持寺、そして永平寺本山に参拝することも度々でした。

正覚寺のご詠歌の皆さんと、西国、坂東、秩父百観音巡り（写経納経）をさせていただいたことも懐かしいですね。西国、坂東、秩父の百観音巡りは二回巡拝させていただきました。しかし四国霊場の八十八カ所巡拝は、心で思うだけでまだ果たすことはできません。

## お金の苦労、九段会館で働く

奥多摩が近くなったので、山好きな夫は日曜ごとに生き生きとして出かけていました。しばらくは何事もなく過ぎていたのですが、あるときからどうも夫の様子が変なのです。元気がなく、食欲もなく、夜も眠れない様子。無口がさらに無口になって、どんどん暗くなるのです。

そんなある夜のこと、電話がかかってきました。夫は、「いまF君からの電話で、僕の生命保険を肩代わりに借金の申し込みだけど、どうしよう？　すぐ近くまで来てる。困ってるらしいから助けたい」。びっくりしました。夫のお人好しというか、おめでたさ加減に腹が立ちました。夫に、「人の生命保険を肩代わりに借金なんて聞いたこともない。どこまでバカにされているの？　あなたの生命保険だから、決めるのはあなた。もっともこの証書を渡したら私は離婚します」と伝え、夫に証書を渡して、二階に上がりました。申し込んできた彼に会いに夫が家を出た後、さすがに証書はテーブルにあったのを見てホッとしました。帰ってきた夫はこう言いました。彼は「奥さんに恥ずかしい。ちゃんと顔を合わせられるようになったら奥さんに会いに来るから、よろしく伝えて」と言って帰ったそうです。

ところがその後、彼は蒸発します。人を疑わない夫。私も同じですから似たもの夫婦ですがその後、変な電話がかかってくるようになり「ご主人いらっしゃいますか？　○○商事ですが」「主人は会社に行ってますが、どんなご用件でしょうか？」「いえ、ではまた電話をかけさせてもらいます」

ちょうどサラ金、サラ金と耳にする時代でした。

不安で不安で、まさかのまさか。まもなく夫がその人の連帯保証人になっていたことがわかったのです。私はまったく知らなかったのでショックもショック。大変な金額です。家のローン、義母の入院代、生活費。さあ、どうしましょう。ドカンとお金の問題が目の前にやってきました。

これまでのように気楽に遊んでいるわけにはいきません。私に何ができるか。あれこれ自分ができそうな仕事を見ていくと、葬儀屋さんの筆耕者の募集があり、応募してみました。

自信はありませんが、教室を持つように川上先生に勧められていたこともあって、自分を試す良いチャンスだと思ったのです。合格はしたものの、葬儀屋さん……。気分がすすみません。

そして九段会館のパート募集(花嫁係)に応募します。小雨の降る日でした。副支配人と人事課長二人と面接。「花嫁係とはどんなお仕事ですか?」と私。「介添えの仕事で、花嫁さんの緊張を解きほぐしてもらう仕事です」「私のほうが緊張しますから無理ですので……」と立ち上がりかけると、趣味の欄に目を止め、

「書道をなさっているのですか? 教えているのですか。ぜひうちの看板を書いてもらえませんか? ちょうどリニューアルして新装オープンするところなので」

「私一人でしょうか?」

「いえ、筆耕は一人では大変だから、あなたの他にもいます」という展開です。先方から望まれて決まった就職です。葬儀屋さんのほうが条件は良かったのですが、結婚

式場は明るくて希望があります。こちらに決めました。仕事としてできるかどうかの不安は残りましたが。

趣味で始めた書道で収入を得ようとは思ってもみないことでしたが、以前に書道と茶道を習ってるときに、霊感のあるお二人の方から、「芸は身を助く。あなたは茶道ではなく書道で、身が立ちますね」と言われたことを想い出しました。まさか現実になろうとは……。

勤務初日、新しい看板と一緒にスタート。

まず玄関の看板。行書体で書いて、課長に持って行き、「これでよろしいでしょうか？」と差し出すと、「看板は楷書でお願いします」。それまで看板の文字なんて気にも留めていなかったので、いざ仕事となると戸惑うことばかり。楷書はごまかしが利きません。書いては消し、消しては書き、満足した字は一字も書けず、慣れるまでが大変でした。看板が九段会館の顔になると思うと、責任重大です。けれども自分の勉強になると思い、私の字がお役に立つならありがたいという気持ちで始めました。朝出勤して看板に向かうとき、「看板さん、お願いしますね」と手を合わせていたことは誰も知りません。

著者の文字。

九段会館にて、看板に
文字を書く(50才)。

　結婚式の看板は、ひと組につき、控え室、披露宴その他で六枚も必要です。結婚式の多い日には悲鳴を上げたいときもありました。結婚式の多い時代で、多い日には二十から二十五組のお式がありました。結局、私一人の仕事になりましたが、一人だからこそ、責任を持って頑張れたのかもしれません。
「人に教えるのもいいけれど、社会のお役に立つ。雪田さん、それこそ本当の書道だから頑張りなさい」と師匠の川上先生に励まされました。

中腰で立ったままの仕事なので、じきに腰を痛めてしまいました。そして観音寺のご紹介で知り合ったカイロプラクティックの邑本正義《むらもとまさよし》先生と出会います。治療院に行って驚きました。全国から身体を痛めた大勢の人が来ています。番号札がないので、前後の人の顔を覚えてなければ大変な騒ぎになります。先生は一人なので、顔を覚えるのが間違いのない方法だったようです。待ち時間を入れると平均四、五時間かかるのに、誰も帰らないで辛抱強く待っています。やがて私の番がくるなり「あなたはいい時に来ました。二年後には命がありませんでしたね」と、先生にいきなりそう言われてビックリしました。そういえばその頃貧血がひどく、通勤電車の中で何度も倒れそうになったりして、途中下車せざるをえないことも度々あったのです。

先生の治療法は独特でした。痛いことは一切ありません。身体に軽く触るだけなのです。物足りないようでいて、嘘のように楽になるのです。最初、身体がチクチクするので、「先生、針を刺しているのですか?」と思わず聞くのですが、「いいえ何も持っていません」と両手を見せてくださいました。すごいハンドパワーです。霊感をお持ちなのかとても不思議な方で、驚かされることが度々ありました。まるで私の日頃の生活を見られているようなのです。先生は霊能者、もしくは神さま? みんなが噂をしていました。

朝九時から夜十一時過ぎまで、先生お一人で休み時間もないくらい治療に専念なさっていました。治療費が何度行ってもいつも千円と、本当に良心的な先生でした。その真摯な姿勢に誰もが尊敬と信頼を寄せていました。自分の施術は一代かぎりとおっしゃっていて、「人の役に立てばいいのです」と、さらりとおっしゃっていましたが、平成二十二年六月ごろでしょうか、朝、目覚めることなく亡くなられたと、途方にくれた何人もの人から報せがありました。最後まで人のために尽くされ、生涯現役を全うされました。ありがとうございましたという気持ちでいっぱいです。

## 大恩人

さて、多額な大借金の問題です。保証人になった以上逃れられません。しかし兄に良い弁護士さんを紹介してもらって本当に助かりました。このときお世話になった大恩人のお二人の方。

お一人は大木義久先生の奥さまです。大木義久先生は元近衛兵で、復員後、何をしてもうまくいかない。仕事も商売も。それで神霊学を究められます。箱根の山中にお籠《こも》りされて。あるときから神さまの声が聴こえるようになったといいます。「人の為に、役に立つことをせよ」と。先生は瞬時に無になられます。神さまと対話をされて、霊視をなさった後、相談に見えた方に丁寧に答えていらっしゃいました。死者との対話もされていました。好々爺という感じの先生は「幸子さん、幸子さん」と、生前よく可愛がってくださいました。謝礼を受け取らない謙虚な方でした。

先生の仏前にお参りに行った後のことです。私は何も話してないのに、翌日、奥さまから電話があり、「幸子さん、あなた困ったことがあるのでしょう? 家にいらっしゃい」と。伺った私の前に、通帳と印鑑が置いてあります。「来月は恩給が入るから、私はいいの。この通帳であなたの必要なだけお使いなさい」とおっしゃるのです。わが家の借金のことなどはひと言も言ってないのに、なぜわかったのでしょう。驚くと同時にお気持ちがありがたくて、涙が出てきます。通帳には一千万円近い金額が表示されていましたから、さらに驚きました。当時は通帳さえあれば他人でも窓口で下ろせましたから、私が責任を持って返せる金額、百五十万円をお借りしました。「それでいいの? 私が死んだら返さなくていいのよ」。この言葉には本当に驚きました。

とんでもないことです。そこまで信じられると空恐ろしいと思いました。返すまでお元気でいていただかなくては……。こわかったですね。毎月毎月、祈る気持ちで返し終わるまで本当に必死でした。

もう一人の恩人は、お茶のお稽古で出会った友人の藤田いくみさん。

「雪田さん、どのくらい必要なの？　ご用立てしましょうか」。このときもこちらからお願いしたのではありません。百五十万円。彼女は借用書なんて水臭い、そんなもの要らないと言ってくださって、「あるとき払いの催促なし」と、絶対的な信頼です。裏切ることはできません。本当にありがたいと思いました。お返しするまでは当然、切り詰めた生活です。

藤田いくみさんのお祖父さま、馬場一郎氏は熱心な観音信仰の方で、丸ビルに書画材料や文具類を商う店、和風堂（夏目漱石が屋号を命名・揮毫《きごう》した）で毎日、観音さまの色紙を描いて、お店に見えるお客さまに差し上げたとのことです。乞われると喜んで色紙を差し上げられたそうです。

馬場一郎氏は独学で会得された書、水墨画を数多く残されました。戦争によって世の中が廃退することを憂える人たちが多く和風堂に集まるようになって、毎月「観音経の読経会」を催され、いつしかご自身は「一路居士《いちろこじ》」を名乗られるようになり、仏門に帰依し、居士を称するにふさわしい人であったと聞きます。病で倒れられ、亡くなるまでの六年間は全身不随、言語もまったく失なって最後までひと言も発することなく、静かに、生きながらの観音さまと言われるような日々を過ごされ、最後のひと息まで命を大切に生き貫かれたと伺っています。

富山県氷見市朝日本町 上日寺にある
一路観音碑 第二十五番。
梵音《ぼんのん》 海潮音《かいちょうおん》(観音経の一句)と読めます。

　それにしても奥さま、千代香夫人の献身的な手厚い看護、介護のご苦労はいかばかりだったでしょう。病で倒れるまで描き続けられた観音さまは三三七八七枚。おびただしい枚数です。描かれた観音さまはどことなく千代香夫人に似ていて、奥さまはいつの間にか「一路観音」と呼ばれるようになったそうです。ご主人の一路居士は日頃多くの人に慕われていたので、死後、全国三十三カ所のご縁のある場所に、千代香夫人が一路観音碑を建立なさいました。悲願の三十三観音さまを建立された後、一年も経たないうちに、千代香夫人は静かに旅立たれました。すべてを燃やし尽くして、安らかに大往生なさいました。

## 観音さまに護られていた私

観音さまは三十三通りに姿を変えて人を救うといわれています。わが身を振り返ると、目に見えないお力、観音さまのお働きで、私はどれだけ助けられてきたことでしょう。ある友人に「あなたは素直だ。それもバカの付くほど素直だ。だから軽々に他人の言葉を信じて痛い目に遭うかもしれない。でも、何か大きな力が根っこのところであなたを支えているような気がする」と言われたことがあります。そうかなと思いながら振り返ってみると、やはりそうなのです。豊彦さんが彼岸から「おいで、おいで」と呼びかけたとき、一条の光がそれを妨げたのは観音さまでした。夢の中で「かんのんじ、かんのんじ……」と聞こえたのも、あれは観音さまです。脳梗塞で横たわって「延命十句観音経」を耳にしていたとき、部屋の上に観音さまがいらしたと感じたのも、やはりそれだと思います。

私の生い立ちを話すと、多くの人に苦労したのねと言われますが、私自身は特に苦労したとは思っていません。折々の環境にただ順応して生きてきただけ、と思います。もし順境に育っていたら、どうしようもないわがままな人間になっていたかもしれません。

当時私が所属していた九段会館の受付案内係は、若い娘《こ》ばかりでした。子供のいない私には、皆が可愛いのです。よく相談事を持ちかけられました。私はもっぱら聞き役です。悩みや心配事を聴いていると、いつの場合も不思議なことに、本人が答えを出すのです。喋ることで本人の気持ちが楽になるのでしょうか。聴いてあげるだけでいいようです。受付ご相談係の仲間はいわゆる有閑マダムが多く、私にもたびたび食事会や旅行のお誘いがありましたが、いつも断るので、「子供もいないのに、そんなにお金を貯めてどうするの？」と陰で言われたものです。何も知らない無責任な憶測ですが、わが家の経済状態なんて絶対に他人に言いたくありません。適当に返事をしているうちにだんだん誘われなくなってホッとしました。どんなに大変でも、この苦労は人に代わってもらうことはできません。すべて自分に与えられた試練なのですから……。

身体は預かり物で、心は自分のもの、とよく言われます。

確かに身体のどの部分をとっても私の意志では自由になりません。まばたきひとつ、脳からの指令がなければどうすることもできないのです。私の物は何ひとつありません。唯一、心だけが善くも悪くも私の自由になるもの。自分で責任を持って日常の生活をする。その意味で本当に心磨きこそ大事なのですが、心ほど厄介なものはありません。そしてそのすべてが、学びなのですが……。

沢庵宗彭《たくあんそうほう》和尚の「心こそ心迷わす心なれ、心に心　心ゆるすな」には、本当にそうだと感じました。

九段会館に通うには、通勤時間は二時間。パートですから週に三、四日。次に出勤する日までの看板を書き溜めて用意をします。花嫁係、受付など女性の多い職場なので、人間関係でよく揉めごとを耳にしていました。私の場合は、看板が相手なので余分なものが耳に入らず続けられたのかもしれません。看板さん、本当にありがとうございました。

（第3章）「かんのんじ、かんのんじ……」

看板に向かう一瞬は、自分の心に向き合うのと同じです。これは坐禅のおかげで得たものです。何よりわが家の経済状態。義母の入院代、家のローン。どれもこれも、いま思うと私を鍛えていただくためのお試しだったのでしょう。

八年近く入院していた母が、静かに亡くなりました。葬儀のあと、主人が私の前に正座をして、

「長い間ご苦労さまでした。ありがとうございました」

と深々と頭を下げるのです。もうビックリして、

「やめて、やめて。お礼を言われるようなこと、私、何もしてないから」

「いや、これだけはどうしても言わなくては」

私は慌てました、本当に驚きました。妻に頭を下げるなんて……。妻として当然のことなのに。私こそ、母をもっと理解して好きになってあげたかったのにと、自分の至らなさが悔やまれます。

# 〈愛読者カード〉

●書物のタイトルをご記入ください。

（書名）

●あなたはどのようにして本書をお知りになりましたか。

イ・書店店頭で見て購入した　ロ・友人知人に薦められて

ハ・新聞広告を見て　ニ・その他

●本書をお求めになった動機は。

イ・内容　ロ・書名　ハ・著者　ニ・このテーマに興味がある

ホ・表紙や装丁が気に入った　ヘ・その他

---

通信欄（小社へのご注文、ご意見など）

---

購入申込

（小社既刊本のなかでお読みになりたい書物がありましたら、この欄をご利用ください。送料なしで、すぐにお届けいたします）

（書名）　定価　部数

（書名）　定価　部数

ご氏名　年齢

ご住所（〒　-　）

電話　ご職業

E-mail

郵便はがき

料金受取人払郵便

牛込局承認

6759

差出有効期間
平成28年1月
31日まで
(切手不要)

1628790

東京都新宿区矢来町122
矢来第二ビル5F

風雲舎

愛読者係行

●まず、この本をお読みになってのご印象は？

イ・おもしろかった　ロ・つまらなかった　ハ・特に言うこともなし

この本についてのご感想などをご記入下さい。

《第4章》

# 妹、弟……五十年ぶりの再会

## 夫の転勤

平成元（一九八九）年春、すでに定年になっていた夫に、突如、九州転勤の話が舞い込みました。大日本印刷(株)福岡工場。夫は元気よく単身赴任しました。お互いつつがなく過ごして二年ぐらい経ったころでしょうか、夜十時過ぎに電話です。

「もしもし、雪田さんの奥さまですか？」

「はい私ですが」と答えながら不吉な予感がして、

「主人に何かございましたか？」とお尋ねすると、

「実はご主人さまが入院なさって、もし、出血が止まらない場合は手術が必要なので、奥さまの承諾が必要なのです。急いでこちらに来ていただけませんか？」

「今、どのような状態でしょうか？」

「………」

手違いがあって私への連絡が遅れたのです。もうビックリ。急いでと言われても福岡です。明朝までどうすることもできません。様子がわからないだけに心配で、「延命十句観音経」を唱えながらひと晩中一睡もできず、翌朝、羽田から福岡へ。迎えに見えていた方の説明によると、昨日、昼食前に夫が大量の吐血をして、意識不明のまま救急入院したとのこと。病院に着き集中治療室のベッドに休んでいる夫の顔を見たとたん、泣きそうになりましたが、会社の方の手前もあってグッとこらえました。

幸いなことに、出血が止まったので経過を見るとのことで、手術はしなくてすみました。「出血性胃潰瘍」との診断でしたが、無口な夫の心に溜まりに溜まったストレスだったのでしょうか。それにしても倒れたのが会社で、本当にラッキーでした。もし誰もいないアパートだったら、孤独死という最悪の事態になっていたかもしれません。そう思うとまた感謝の念で胸が熱くなります。出血がかなり大量だったそうで、会社の皆さんは驚かれたようです。すっかりご迷惑をかけ、皆さまには大変お世話になりました。主人のご先祖それに私の先祖を含む、目に見えないご加護に生かされているようです。ほんとうに感謝です。

勤務三年半にして、無事に夫が帰宅しました。夫婦はやはり一緒にいなければいけないということをしみじみ実感したことでした。帰京してまもなく、周りの方にお引き立ていただいて、夫は関連会社に再就職が叶い、第三の人生が始まりました。この頃から、不思議なことに私はスピリチュアルの方たちとの出会いが多くなりました。

## もしかしたら妹？

それにしても片時も、満州で別れた弟と妹のことは忘れたことはありません。残留孤児訪日というようなニュースのたびに期待しながら待っても、結局そのつどガッカリしてしまうのです。でもいつか必ず会えると信じて、兄も私も諦めてはいませんでした。

昭和六十一（一九八六）年六月、もしかしたら妹ではないかという情報がありました。小躍りしながら、対面の日を待ちました。六月五日、代々木の国立青少年センターで、いよいよ対面調査です。彼女の名前は「韓素雲《かんそうん》」さん。

ドキドキしながら彼女が部屋に入ってくるのを待ちます。ニコニコ笑顔で彼女が入ってきました。顔を見たとたん、「アッ、節子だ！」と直感しました。鳥肌が立ちました。駆け寄って、「ごめんね。元気でいてくれて、本当に良かった。ありがとう、この日をどんなに待っていたことか」と肩を抱きながら、自分で何を言っているのかわかりません。涙で顔はグシャグシャ。彼女は何が起きたのかわからず戸惑いながらも私の手をしっかり握っています。通訳の方の話で、やっと事情がのみ込めた彼女

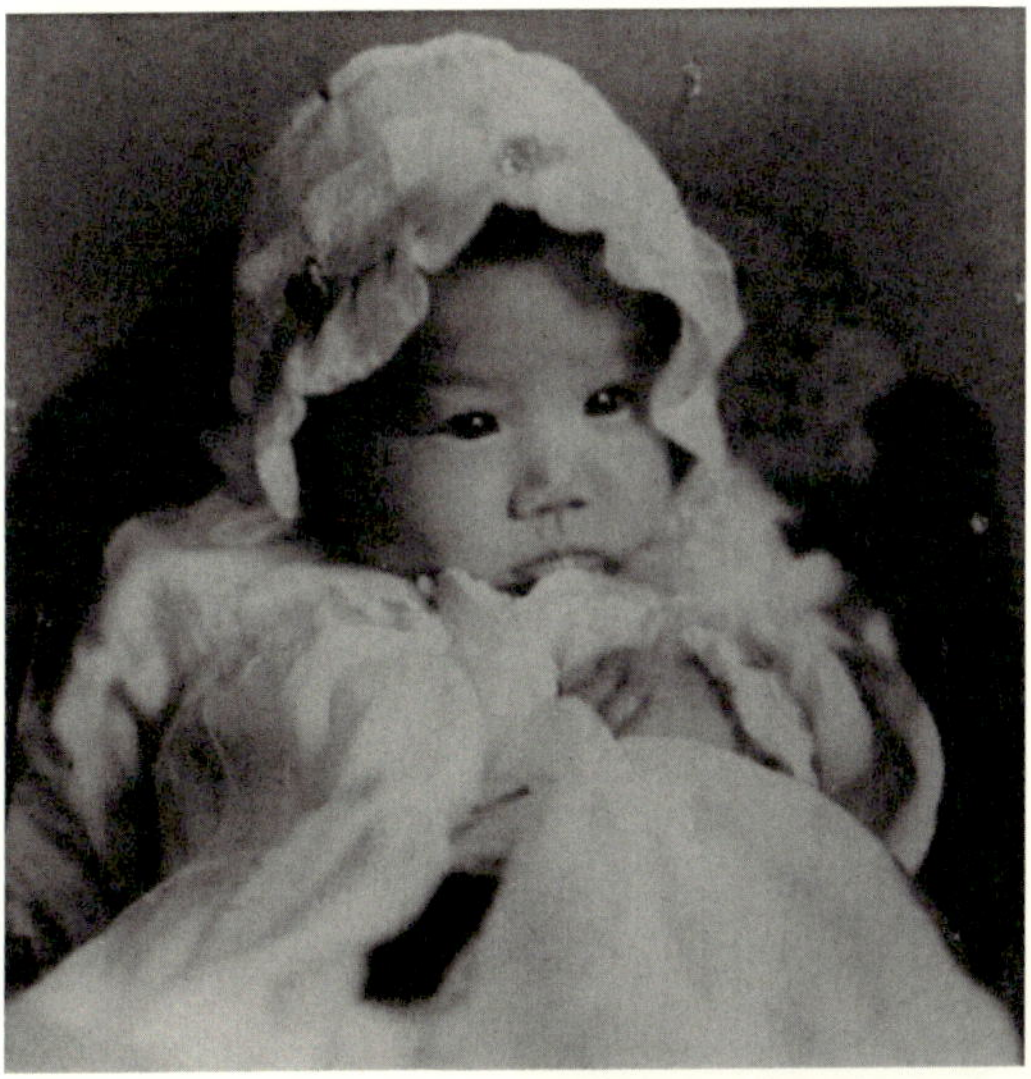

1歳未満の頃の
妹「節子」

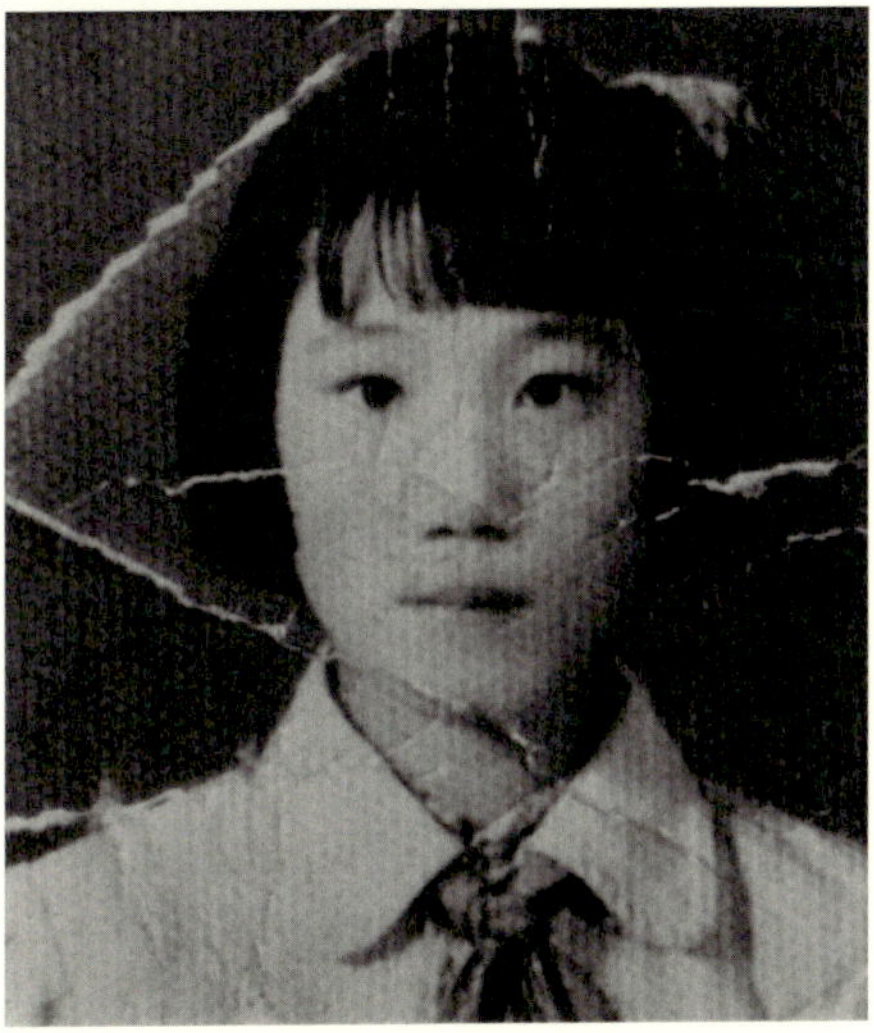

小学生の頃の「韓素雲《かんそうん》」

妹との再会。左より、私、妹、兄、姉(佐々木和子さん、清子母の娘)。

は、中国の養母に「あなたは日本人だから、肉親に会ってくるように」と言われて来日したけれど、実のところ信じていなかったようです。自分に兄と姉がいることがわかって本当に嬉しいと応じてくれました。対面調査の結果、彼女は正式に妹節子と認められました。

私と彼女が抱き合っている様子を見ていた厚生省の方々は一斉に拍手しながら、「似てる、似てる」とおっしゃっていましたが、たとえ似ていなかったとしても、血が騒ぐとでもいうのか、とても不思議な感覚を経験しました。「あ、清子母に似てる」というのが直感できたのです。あの別れのとき、姉も兄もいませ

朝日新聞

(21) 埼玉　1986年(昭和61年)6月6日　金曜日

# 亡き母そっくり 兄妹のぬくもり

## 笑顔こぼれっ放し

### 40年ぶりがっちり握手

残留孤児 上尾の山辺さん

山辺節子さんと判明し、姉の雪田幸子さん(左)の手を握り会見する韓素雲さん。右は兄の山辺貞昭さん　＝東京・代々木の青少年センターで

「横顔、笑顔、泣き顔。みんな亡くなった母にそっくり。間違いありません」。来日中の中国残留孤児の中から、妹を探し出した上尾市小泉、[illegible]山辺貞昭さん([illegible])は五日、東京・代々木の青少年センターでこう話した。妹の節子＝中国名・韓素雲＝さん([illegible])は、姉の東京都西多摩郡羽村町、主婦雪田幸子さん([illegible])から贈られたばかりのペンダント型時計をかけ、笑顔がこぼれっ放しだった。

山辺さん一家は十二年に旧満州に渡り、節子さんは現地で生まれた。終戦後、父はソ連に抑留されて死亡。母も亡くなったため、当時一歳の節子さんは中国人に預けられた。貞昭さんは上の妹らと二十一年、帰国した。

貞昭さんは厚生省に妹の調査を依頼、七年前から韓さんと文通を続けていた。離別した時の細かい状況などが一致せず、連絡は途絶えたが、今回の韓さんの来日で対面調査を申し出ていた。調査はこの日朝九時半から始まり、正午すぎに肉親関係が判明、そろって会見に臨んだ。

兄妹は「四十年もたって元気な姿に会えたのが何よりうれしい。立派に育ててくれた中国の養父母の方に感謝したい」(貞昭さん)、「父母が亡くなったのは悲しいが、こうして兄姉が見つかったのだから幸せ」(節子さん)などと話した。

再会を伝える朝日新聞(昭和61年6月6日)。左より、私、妹、兄。

んでした。一緒にいたのが私でした。唯一、私が生き証人です。半信半疑のまま来日した妹は、私のことを「小さかったお姉さんが私のことをよく覚えていてくれたから嬉しい、ありがとう。私は中国で育った日本人！」と誇らしげに、笑顔で言ったのです。

後でわかったことですが、実は清子母には、私たちの知らないドラマがありました。父と再婚する前に、子供を前夫の元に置いてきた事実があったのです。いつごろだったか記憶が定かではありませんが、兄から電話で「清子お母さんの娘さんが僕たちに会いたいと言ってきている」との連絡があったのです。「えっ、子供さんがいたの？私も会いたい」ということで、その方とお会いしました。お名前は佐々木和子さん。

初めてお会いしたのに、まるでその場に清子母が戻ってきたかと思えるような、会った瞬間、言葉より先に涙が溢れました。清子母よりひと回り大きく、目鼻立ちがそっくりです。私より三歳上でした。和子さんは五歳のときに清子母が家を出て行くのをはっきり記憶しているとおっしゃいました。その後、養父母を亡くしたので、生母を探すことになった経緯も話してくれました。そうすると和子さんと節子は同じ清子母の子供、私が異母姉妹になります。初めて会ったとしても、ひとしおの想いがあります。節子との対面調査の後、自由行動の許可が出て、ぜひにとのことで、佐々木和子さん宅で、節子と一緒に私も一泊して語りあかしました。

さらに兄の家で一泊、成田のホテルで一泊。こうしてみんなで温かな時間をもちました。なんという計らいでしょうか。この世は不思議ですね。妹節子は伸び伸びと屈託なく、明るい性格で、育てていただいた養父母には、本当に感謝です。成田から元気に中国に戻って行きました。清子母の優しさは、離婚して子供を置いてきた思いが残っていたからだったのでしょうか。なんとなく理解したことでした。

節子には二女一男、三人の子供がいて、下の子がまだ六カ月のときに夫が病死したとのこと。日本は派手だから自分たちには慣れそうもない、だから日本には帰らないとあれほど言っていた妹でしたが、中国で生活しているうちに、やはり自分が日本人とわかったとたん、ルーツである日本が恋しくなり、その二年後に、子供たちと共に日本に帰化してきました。

そうなると心残りは弟、保定のことだけです。その後、中国残留日本人孤児訪日の情報がある度に、目を皿のようにして探しますが、該当する人がいません。そうしているうちに、弟らしいという情報があり、兄が中国の通訳の人を介してそれらしいと思われる王強《おうきょう》さんと文通を始めるようになります。

## 弟と五十年ぶりの再会

日本と中国――半世紀も離れていた弟らしき人、王強さんとの文通。そして平成九（一九九七）年十一月三日、中国残留日本人孤児の訪日調査の日がきました。再び代々木の国立青少年センターで対面調査です。兄、すでに帰国していた妹、私の三人で、たぶん間違いないと思われる人物の登場をドキドキしながら待ちます。

王強さん。彼が入ってきて調査が始まりました。彼は、自分が日本人だということを八年前まで知らなかったといいます。決め手になったのは、兄が「幼い頃、紙飛行機をお兄ちゃんが教えたけれど、今でも覚えてるかな。覚えていたらちょっと折ってごらん」と言うと、王強さんはちょっと考え、「最近折ってないから」と言いながら、スイスイと紙飛行機を折っていきます。遠い昔、兄が教えた手順どおりに、特徴のある独特の折り方で。

そうです、思い出しました。

戦後、遊ぶ玩具も何もない家の中で、紙を見つけるとすべて紙飛行機にして一人遊

5年（平成7年）10月25日　水曜日　朝　日　新

# 中国残留孤児・王強さんは「弟では」と名乗り

# 兄弟の夢50年

王強さん

五十年前にばらばらになったきょうだいが、一人の男性の訪日を心待ちにしている。中国残留日本人孤児の一九九五年度訪日調査に参加する吉林省長春市の王強さん（推定五四）に、埼玉県上尾市小泉の会社員山辺貞昭さん（六五）が「弟の保定ではないか」と、名乗りを上げている。貞昭さんは九年前の調査で、妹の節子さん（五二）を見つけた。「これで、きょうだいが全員そろうかもしれない」。半世紀ぶりの再会に、強い期待を寄せる。

「五十年ぶりに、きょうだいがそろったら夢のようだね」と話す山辺貞昭さん（中央）と節子さん（左）。右は幸子さん＝埼玉県上尾市小泉で

## 「4人全員がそろうかも」

### 山辺さん心待ちに

貞昭さんは三七年、遼寧省鞍山市の日本企業に勤務する父親に連れられ、妹の幸子さん（六〇）らと中国へ渡った。四一年に弟の保定さんが生まれた後、母親が病死。父親は再婚し、節子さんが生まれた。転勤で四五年三月、一家は吉林省図們市へ引っ越したが、中学生だった貞昭さんだけ鞍山市に残った。

父親は敗戦の三カ月前に応召。引き揚げ直前の四六年八月には、節子さんの母親が病死した。子ども三人が残され、当時五歳だった保定さんと二歳の節子さんは別々の中国人に引き取られた。

幸子さんは、引き取り手がなく、ほかの日本人と一緒に帰国、貞昭さんは、自力で日本に帰った。父親は抑留先のシベリアで死亡したという。

保定さんと節子さんの戦時死亡宣告知書が貞昭さんのもとに届いたのは六三年。しかし、「生きているかもしれない」と、希望を捨てなかったという。

節子さんが判明したのは、八六年六月の訪日調査だった。別れたとき一歳だった異母妹と対面し、貞昭さんは「すぐにピン、ときた」。中国人の夫と死に別れていた節子さんは、八八年に次女と長男を連れて永住帰国した。

貞昭さんによると、「弟も生きているようだ」と知ったのは昨夏。王強さんを育てた中国人の姉が「今まで隠していたが、お前は本当は日本人。妹は図們にいる」と打ち明けたのがきっかけだった。王さんが図們にいる節子さんの養母を訪ねたところ、「身元が判明して日本に帰った」と言われたという。

今年七月には、七年ぶりに中国を訪れた節子さんが王さんを訪問。長春駅で会ったとき、節子さんは「王さんが貞昭兄さんとよく似ていたので、おいおい泣いてしまった。四十年以上も同じ中国にいたのに、巡り合えなかったのは悔しい」と話す。節子さんの養母は「引き取ったとき、『男の子も』と頼まれたが断ってしまった。せめて兄妹二人、一緒に育ててあげればよかった」と泣いて謝ったという。

貞昭さんは「保定が生まれたときは、病弱な母の代わりにぼくがお乳をもらいに回ったり、米を粉にして飲ませたりした」と、当時の記憶をたどった。王さんが訪日する三十一日は、節子さんと成田空港まで出迎えに行く予定だという。

弟かもしれない……新聞記事（朝日新聞）に見入る左より妹、兄、私。

びをしていた保定の姿を。中国人は紙飛行機を折らないそうです。まして兄が教えたような独特な折り方はしないと聞いて、王強さんは弟の保定に間違いないと私たちは確信しました。「五十年ぶりの再会」と、大々的にテレビや新聞に報じられて、わざわざ勤務先の九段会館に、私を訪ねて見えた方もありました。

五十年間、ほんとうに諦めなくてよかった。保定はこんなに立派な大人になっていました。ありがとうございます。やっと、私の肩の荷が下りました。両親と目に見えない御守護に、深く深く感謝せずにはいられません。

良い方にご縁があって、大切に育てていただいたご恩に、なんとお礼を申したらいいのでしょう。本当に心からありがたいと思います。中国から送られて来た弟の生い立ちの記事(日本語に訳されたもの)を転載させていただきます。

## 「異国の姉弟が相見守り生きた五十年」(中国の「家庭主婦報」より)

一九八七年。ある夏の日、長春市化工一廠《ちょうしゅんしかこういちしょう》の新党員審査会での衝撃的なニュースが全工場を駆けめぐった。それは王強《おうきょう》――この不惑の歳を過ぎた、日頃から最も親しく思っていた総務課のベテラン課長が、なんと第二次世界大戦後、中国に残された孤児

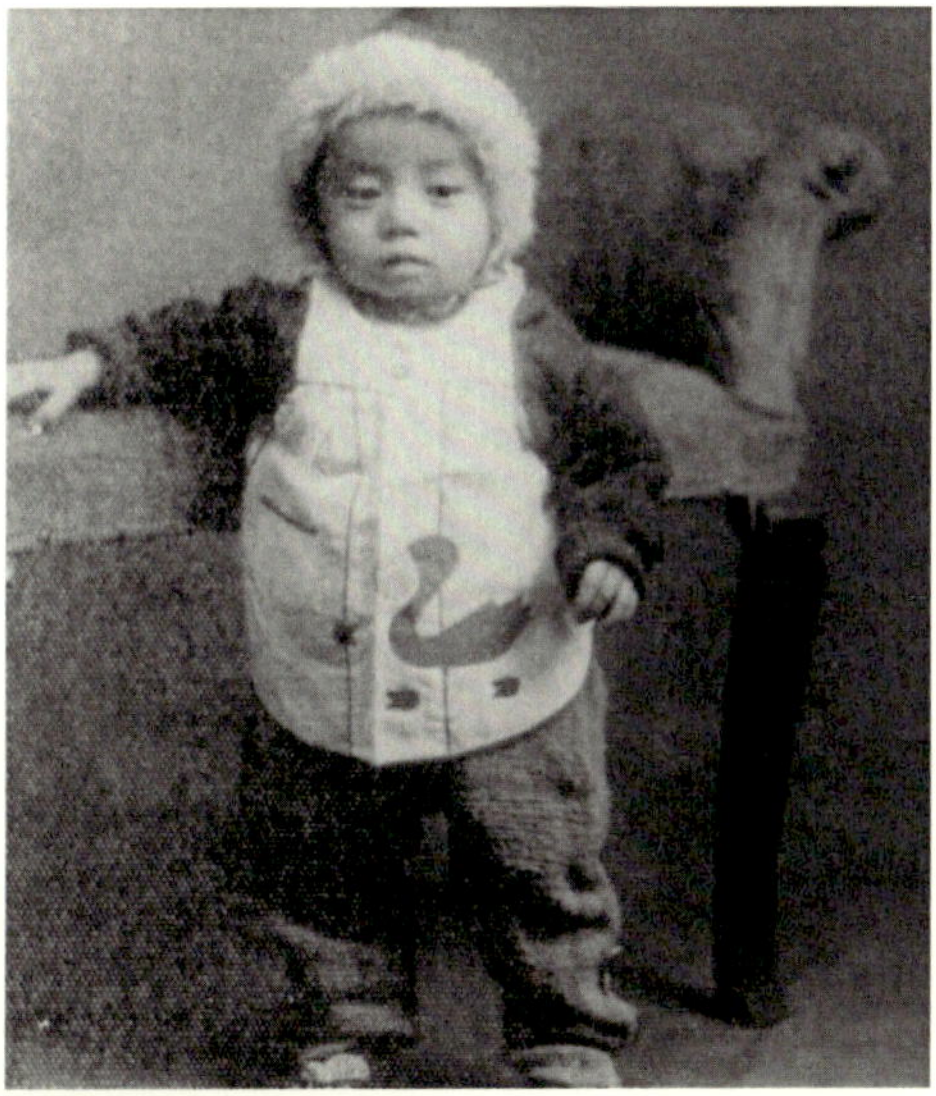

幼い頃の弟「保定」

先方からいただいた
「王強」(幼名王来福)、
保定の写真。

だったというのである。彼の身体に流れているのは、大和民族の血なのだ。王強の身の上の謎は、彼の姉王波《おうは》が四十二年間彼のために秘密にしていたことなのだ。四十数年の日々を、この異国の姉弟は、どんなふうに助け合って生きてきたのだろうか。

## 図們市、日本人難民収容所の兄妹

一九四六年、終戦後中国東北辺境の都市図們《ともん》。恐ろしいコレラが家々を襲っていた。そのころは死者が続出し、慟哭《どうこく》する声が天地を揺るがすほどであった。また発疹チフス等の伝染病が図們市東部にある日本人難民収容所を襲った。収容所には男の人はおらず、残ったのは病弱な婦女子と子供たちであった。飢えと伝染病にさらされ、皆青白い顔をして絶望と恐怖の日々を送っていた。ついに収容所から「誰かこの子供たちを引き取ってくれませんか、どうか助けてやってください」というニュースが伝わってきた。

そこで図們市旧市街に住む韓大工が二歳の日本人の女の子を連れてきた。当時四歳だった王強も何軒かの手を経て図們市の延吉飯店の、王治臣家に貰われてきた。王家には男の子がいなかったのでわが子として扱い、彼に王強《おうきょう》と名付けた(幼名は王来福《おうらいふー》)。

特に十六歳年上のお姉さん王波はこの日本人の弟を可愛がった。難民収容所から来たばかりの王強は、汚れて臭く、身体中おできだらけだった。腎臓が悪く、おねしょをしたり、痔も悪かったりだったが、王波は少しもいやな顔もせず、お風呂で洗ってやり、毎日きれいに洗濯した服を着せるようにした。おねしょは腎臓を冷やすと聞くと、王波はオンドルを温かくして幼い弟を寝かせた。民間療法で草木の灰に胡麻油《ごまあぶら》を混ぜたものがおできによいと聞くと、それを試してみたり、痔を治すために針灸の医者を呼ぶなど、心をくだいた。やがて王強の病気は全快し元気になっていった。お姉さんの懸命な姿は幼い弟に忘れがたい印象となった。彼はお姉さんから無償の母の愛を感じ取ったに違いない。

これは天性の因縁というものか、それから、あっという間に五十年が経ってしまった。王波と王強はどんな困難に遭っても離れることはなかった。そのために王波はたくさんのことをしなければならなかった。王波が革命の仕事に就いて、図們から長春市の魔法瓶工場に転勤になった。ちょうどこのとき母親が亡くなり、父親が継母を迎えた。王波は弟が虐待されることを恐れ、長春まで連れて行くことにした。そして弟を長春安達小学校に入れた。いつも弟に「将来のために良く勉強するように」と言い聞かせた。その頃の王波の給料は多くはなかったが、なんとか弟を小中学校、高校、そして長春市軽工業局経営の技術学校を卒業させた。

新中国が誕生して王波は結婚を考えた。しかしどうしても十数歳年下の弟が心配で、婚約者にたった一つのお願いとして「私には幼い弟がいて、一緒に生活をしますが、邪魔者扱いにしないで」と言った。姉が温かく見守るなかで、王強は元気に成長していった。技術学校を卒業して、彼は化工一廠の工員になった。立派な仕事をするので、何度も表彰された。それから楊桂春《ようけいしゅん》と結婚し一男一女をもうけた。幸せな生活が続いた。祭日や正月には一家揃って姉を訪れた。王波もよく弟の家を訪ねた。両家は仲良く行き来した。

## 入党直前、日本人だと知る

一九八七年総務課長になった王強は党員になろうとしていた。彼は喜び勇んで姉の家にやって来た。「姉さん、僕たちの家のことでまだはっきりさせておかなければいけないことはないかね?」。このひと言は姉王波が長年気になっていたことを呼び覚ました。何十年にわたり弟の生い立ちを隠して、さまざまな政治活動を乗り越えてきたのだ。今日、王強が中国共産党に入るという。彼の生い立ちをはっきり言わなければならない。そこでおもむろに口を開いた。

「私たちの家については何もないよ、だけどお前の生い立ちは、党にきちんと話すべきね」

「僕の生い立ちって？」

「そう、お前の生い立ちよ、お前は中国人でなくて日本人なのよ」

これは王強にとってまさに晴天の霹靂だった。日本人だって？　信じられないことだ、長年にわたって姉弟で支えあって生きてきたのだ。

「お前は確かに日本人なのよ、私が難民収容所から連れてきたのよ」

王波はそのときのことを詳しく話した。姉の話を聞いているうちに、王強はやっと信じるようになった。そして万感胸に迫るものがあった。四十数年育ててもらったことを思うと涙が止まらなかった。彼は姉の前に跪《ひざまず》き、

「姉さん、僕を育ててくれた恩は、泰山より大きい。ほんとうに日本人だとしても、日本には帰らないよ、一生姉さんを大事にするから」と涙を流しながら言ったのだ。

王波は弟に手を添えて立ち上がらせ、

「それは違うよ、私は決して反対しないから、お前には図們に妹がいるはず、お前と一緒に収容所から連れてきた子だから、探しに行っておいで」と言った。何十年も前に別れた妹、半世紀も経てしまったがぜひとも探し出さなくては。王強はこれは自分の責任だと思った。

しかしこれは雲をつかむような話だ。王波は弟が一日も早く妹を見つけ出せるように、図們市に住む昔の隣人に問い合わせたり、内緒で図們市公安局外国管理所に手紙を書いたりした。手紙に「もし日本から肉親を探しに来る人がいたら、どうか知らせてください、私の弟は日本の孤児です」と書いた。しばらくして返事がきた。「あなたの日本孤児に対するお世話に感謝します。日中友好のために立派な仕事をしてくださいました。今後、何か情報が入り次第お知らせいたします」と。

また弟のために「長春晩報」を取ることにした。いつも「肉親探し」のコーナーに目を通した。一九九四年三月中旬、王波は長春晩報に載っている「日本政府のわが国に在住する日本人孤児及び婦人の帰国に関する法案」という記事を見つけた。彼女は喜んで主人に言った、「これで弟の肉親探しの見通しが立ったわ」。弟が一日も早く肉親に会えるように、王波は粘り強く説得した。「中日友好と世々代々にわたる友好は私たちの共通の願いなのよ。戦後こんなに時が経ったのだから、日本に行って肉親を探すべきよ。肉親たちもどんなにかお前を探しているに違いないし、それに妹のことだけど、早いうちに一度図們に行っていらっしゃい」と。

姉の説得で王強の肉親に対する思いは、日に日につのってきた。ある日王強はついに図們にやって来た。幼い頃過ごした故郷の町並みへ。彼はその頃、養父が働いていた延吉飯店を捜し出し、養父と親しかった人たちにも逢うことができた。王家が日本人の孤児を引き取った話になると、八十過ぎの楊世杰《ようせいけつ》、李大発《りだいはつ》爺さんは、まるで昨日のことのように「一九四六年の七、八月頃、王の家では難民収容所から日本人の男の子を引き取って、来福《らいふー》と名づけた。いまはあの来福が五十を過ぎているはず」。来福《らいふー》、来福《らいふー》と幼い頃の名前を聞いていると、五十歳を越した王強の目は潤んだ。王強は妹のことを聞きたかった。しかしどう話して良いものか迷っていると、劉淑珍《りゅうしゅくちん》というお婆さんが「そういえば韓進財《かんしんざい》の家でも二歳の女の子を引き取ったね。韓爺さんはもう亡くなったけど、養母の馮万芝《ひょうまんし》さんはまだ生きている。この子は可哀相に亭主に早死にされて、三人の子供と残されてしまったけど、何年か前に子供を連れて日本に帰ったよ」。王強はドキドキした。その日本に帰ったという女の人が、妹ではないだろうか。

しかし戦後の図們市には韓さんのような家がたくさんあった。一縷の望みを託して馮万芝《ひょうまんし》お婆さんを訪ねた、そして引き取った日本人の女の子について聞いてみた。八十近いお婆さんは思い出しながら、「素雲《そうん》は二歳だった、収容所から引き取ったばかりの頃は、病弱で痩せていた。もう一人そのお兄さんも一緒に連れてきた。二歳上だったが、その頃は食うや食わずの生活なので、仕方なく旧市街の王さんのところに連れていった。その子は来福と呼ばれていた。素雲は日本に帰ったけど、いつも手紙で兄さんの手掛かりはないかと言ってくる。今は何処にいるやら」と言った。またも王来福が出てきた。王強は馮お婆さんの手を握って言った。「おばさん、私がその来福です。この度、図們に来たのは妹を探すためです」。涙が頬を伝わった。居合わせた人たちも皆もらい泣きした。余りの嬉しさに王強は、商店街へ走った。財布をはたいて毛布を四枚買って、四人のお年寄りに贈った。彼は馮お婆さんに別れを告げ、妹の写真をしっかり持って、一路長春に引き返そうとした。少しでも早くこの嬉しい知らせを姉さんに伝えたかったからだ。図們から長春までは一晩で着く。朝、長春駅に着いた王強は、あまりにも興奮していたとはいえ、大切なことを忘れたのに気がついた。馮家に自分の住所を置いてこなかったのである。そこで再び図們行きの列車に乗った。

## 思いがけない国際電話

図們から帰って以来、王強は自分の生い立ちを確信するようになった。彼は長春市公安局出入国管理所に、日本人孤児の確認を申請した。一日も早く日本での肉親探しを実現するためである。しかし外事部門の審査はとても厳しく、個人の調査は無効で改めて調査を始めた。じっと待つしかなく、王強は焦りの毎日だった。一九九四年七月九日の午後一時頃、すでに退職していた王強は家で友人たちと世間話をしているところへ突然電話がきた。中年の女性がうわずった声で、「こちらは国際長距離電話局です、王強先生はおられますか？」「国際電話だって？　なにをふざけているんだ？」。王強は何かの間違いだと思い、電話を切ろうとしたが第六感でピンときた。これは冗談ではない、長年別れ別れになった妹が遠い国から呼んでいるに違いない。受話器を持つ手が震えた。交換嬢は王強を確認すると電話をつないだ。海を隔てた電話の声は興奮していた。

「私は一九八七年に図們から永住帰国した妹の韓素雲《かんそうん》です。七月七日に図們の養母から手紙がきて、その中にあなた方の小さい頃の写真が入っていました。それは貞昭兄さんが持っているのと同じなの。それであなたは長年探していた兄さんだと思うの。貴方は鞍山《あんざん》で一九四一年一月二十五日生まれ、名前は山辺保定《やすさだ》。私は一九四四年四月八日生まれで、山辺節子という名前です。私たちは異母兄妹なのよ」。ここまで言うと急に「血液型は何型？」「ＡＢ型」。それを聞いた韓素雲は興奮して言った、「じゃあ間違いないわ」。一時間余りの海の彼方からの電話は、王強の心にいつまでも残るものだった。

その頃、長春市、長春公安局出入国管理所で王強が申請していた孤児認定の調査が、大きな進展を見せていた。基本台帳一一五号。戦後中国残留者名簿に、王強の生い立ちが記載されており、彼は山辺家の一員。山辺保定であることが確認された。

## この世で終わらない姉弟の情

時は流れ、あっという間に五十年が経った。その昔中国に残された二人の日本人孤児は長じて家庭を持った。彼らは日本にいる兄弟姉妹の様子を知るにつけ、逢いたいと思うようになっていった。王強の兄さん、山辺貞昭は東京で、建築の設計士をしているという。兄からの手紙には長年、弟を探し続けて得た今日の喜びを以下のように書いてきた。

「保定、お前が生きていたことを、とても喜んでいます。私はお前の生存はもう百パーセント望めないものと思うこともあったが、どうしても諦めきれなかった。お前は早産で生まれたので、母乳ではなかったため、虚弱体質だった。そのお前が生きていたのだから、こんなに嬉しいことはありません。お前を育ててくださった養父母とお姉さんに、何とお礼を言えば良いのでしょうか」

兄貞昭のほかに、姉の雪田幸子からも弟を思う心情がつづられていた。「保定、私は戦後あなたが引き取られて行くまで、ずっと一緒にいた姉の幸子です。この度、あなたが生きていたと聞いて、とても喜んでいます。あのとき別れてから長い月日が経ってしまいました。王さんという良い人に育てていただいて、本当に良かったですね」

一通また一通と、半世紀も引き離されていた思いをこめた、手紙が行き交った。皆、一日も早い再会を願った。

一九九五（平成七）年十一月三日、兄妹にその日がやって来た。この日、王強は孤児の訪日団の一員として日本の成田空港に降り立った。東京代々木青少年センターの一室で、王強はついに兄山辺貞昭、姉雪田幸子、妹山辺節子と逢うことができた。

「保定、お帰り」

「ご苦労さまでした」

と、声をかけながら四人の兄弟姉妹は、しっかり手を取り合った。

王強が中国へ帰ったあと、日本の肉親たちは、王強を迎える準備に忙殺された。そして、ついにすべての手続きが終わった。

一九九七（平成九）年春節前、王強は五十年間育ててくれた故郷中国と、苦楽を共にした中国の王波姉さんに別れを告げる日がやって来た。彼の心は痛んだ。

「姉さんはもう七十歳になるというのに、遠く離れて良いのだろうか。いつまた逢えるかわからないし……」。しかし王波は弟を慰めて言った。「日本では、お前の兄さん姉さんが、同じ思いで待っているのよ。昔から、木の葉は根元に帰るという。お前は帰るべきです。ただお正月とかお祭りで休みのときは、電話でもかけて。それで十分よ」

「姉さん、僕の本当の姉さん！」

姉の王波さんを迎えて。左より、兄、王波さん、私、弟。

兄弟4人揃って…。左より、兄、私、妹、弟。

別れのとき、王強は今一度、姉の前に跪いた。「姉さんが育ててくれた恩は、一生忘れません」と言うと、涙が頬を伝って落ちた。

## 育ててくださった中国の方に感謝します

弟保定一家（子供は男女一人ずつ）が永住帰国して、節子一家と同じ埼玉県さいたま市大宮の県営住宅に住むことになりました。中国では会えなかった悔しい思いと、同じ中国で育った兄妹という共通の思いが強いのでしょう、二人は仲良く行き来していま す。ただ、言葉には二人とも苦労しているようです。もちろん子供たちはしっかり日本語をマスターして生活しています。

保定（王強）の姉、王波さんが日本にいらしたときにやっとお会いしましたが、包容力のある素晴らしい方でした。二人が難民収容所に連れて行かれていたとは私も知りませんでしたが、戦後のあの大変な時期に、他国の、それも侵略者のあの日本の孤児を引き取って立派に育ててくださったこと、そのご恩に、あらためて感謝の思いでいっぱいです。弟、妹ともに良い方にご縁をいただき育てていただいたことは、なんという好運でしょう。私たちは本当に、心の底から感謝しているのです。

《第5章》

# 迫登茂子先生と「十一日会」

## 「十一日会」という不思議な集まり

平成十二(二〇〇〇)年十二月十一日。

その前日、知り合いのOさんから「神さまの言葉が降りてくる、とても不思議な女の人がいて、誰でも参加していいらしいの。雪田さん、一緒に行ってみない？」とお誘いの言葉をいただきました。好奇心の旺盛な私は喜んでご一緒に小金井のお宅に伺いました。

その方は迫登茂子《さこともこ》さんという、私よりもちょっと年輩のきれいなご婦人でした。小さなお宅には次々にたくさんの人が見えます。「十一日会」というだけに、十一時ちょうどにスタートです。緊張して参加したのですが、温かい雰囲気の中で、とても居心地が良いのです。

迫登茂子先生の笑顔の素敵なこと、誰をも包み込むような優しさに溢れています。

この日を契機に、以来ずっとこの会にお世話になりました。ここに座っていると、穏やかな気分になれるので、とてもゆったりするのです。この日初めて参加したというお料理やケーキ作りの上手な松前憲子さんとお友だちになり、行動を共にすること

11日会のメンバーと旅行。
前列左が私、
その右うしろが迫先生。

大爆笑！抱腹絶倒！ひげダンス！　平成17年、伊香保温泉「福一」にて
左・丹伊田弘子さん、右・岡山郁美さん。

が多くなりました。

「十一日会」には八十〜九十人近くの人で埋まり、先生のご自宅が、人、人ではちきれそうです。足を崩す隙間もありません。そんなことはお構いなしに、皆さん、嬉しそうに集まってきます。なぜかとても気持ちがいいのです。私はよほどのことがない限り欠かさずに出席するようになり、いつの間にか常連になりました。

平成十七（二〇〇五）年十月三十一〜十一月一日に皆さんとご一緒した伊香保旅行の宿「福一」では忘れられない想い出があります。

余興の時間に、丹伊田《にいた》弘子さん、岡山郁美さんのお二人が禿げ頭のかつら、男物の

拍手喝采！　ご愛嬌ちぐはぐダンス！　平成18年、伊香保温泉「福一」にて
左から長野セツ子さん、青木房子さん、迫登茂子先生。

肌着、腹巻にステテコ姿で登場されたときには仰天しました。なんと加藤茶のひげダンスを踊りだしたのです。役のなりきり方が見事で、みんな笑いの渦。お腹を抱えて大爆笑です。

そして、一人、一人とみんなが引っ張り出され、最後には宿の仲居さんまで参加させられて、全員が弾けるように踊りました。この旅行で武田貴美さんと親しくなりました。「十一日会」の中心メンバーのお一人です。

翌年の伊香保旅行の宿もいつもの「福一」で、これもまたサプライズの連続でした。迫先生が師範学校時代からのお友だち、長野セツ子さん、青木房子さんと三人で舞台に登場されたのです。先生がこんな場面に登場されるなんて！　あまりに思いがけないことなので、みんなビックリ。手作りのお面をかぶって、三人で踊られたのです。何の曲だったか覚えていませんが、ときどき、ちぐはぐに踊られるのがご愛嬌で、そのしぐさがとても可愛らしいのです。これまたみんなが拍手喝采でした。こうして皆、笑って笑って、笑い転げて、お腹がでんぐり返りました。たぶん最初で最後、二度とあの踊りは見られません。丹伊田さん、岡山さんは茶髪のかつらで、さらにドレスアップ。女らしいダンスを披露してくださったのに、丹伊田さんはもうこの世にいません。平成二十三（二〇一一）年、発病した子宮がん。早期発見でしたが、八月十六日、あっという間に亡くなられました。

生前、丹伊田さんは、私は「こんなことしかできないから」とおっしゃってわが家にわざわざ美顔器を持参して私の顔のマッサージをしてくださったのです。彼女は美容師さんです。しかも「花嫁コース」というスペシャルでした。丹伊田さん、本当にありがとう。あなたのことは決して忘れませんからね。こうして十一日会ではいっぱい友だちができました。

幹事役の由井勇夫さん、なんとも心の優しい方です。十一日会当日になると、朝早くからトイレ掃除から始めて皆さんの来場に準備しているのです。自分で作られた煮卵やお漬物を毎回用意してくださいます。神村《じんむら》美江子さんはご主人協力の創作ラスク（ラスクマン）と、毎回手作りのおかずの一品を持参してくださいます。その時々で、他の方からもそれぞれの差し入れがたくさんあります。どの方の品も心のこもった愛情溢れる手作りの差し入れです。私はいつも感謝しながらいただいています。ありがとうございます。毎回、遠田政子さんのお話が楽しみです。よくお勉強されていて、迫先生の著書『神のささやき』（青鴎社）などから、私たちにわかるように資料をコピーして持参してくださいます。私があることで入院しその後退院すると、自宅に、由井さんがさっそく迫先生をお連れになって駆けつけてくださいました。そのとき、迫先生は主人に初めて会って、「この人なら、雪田さんは大丈夫」と太鼓判を押して安心させてくださいました。

十一日会のご縁で頼経健治《よりつねけんじ》さんの「素行会《そこうかい》」「武蔵嵐山師帥塾《しすいじゅく》」その他、心学びの会に参加させていただき、さらには、一燈園《いっとうえん》（西田天香氏の一燈園）の下で修行された石川洋先生から「下座に徹する生き方」というお話を度々聴かせていただき、これにも感動いたしました。

迫先生と仲の良かったという元伊勢修養団の中山靖雄先生のお話もよく耳にしました。ご病気のために全盲になられてもなお、前向きに生きられるお姿は多くの人に感動を与えずにはおられません。その中山靖雄先生が平成二十七（二〇一五）年三月八日に亡くなられました。三月の十一日会は、全員で黙祷しました。ご冥福をお祈りいたします。

## ハートのお月さま、そして蓮の花

平成十五（二〇〇三）年九月十三日、見上げた空にオレンジ色に近い、大きな大きなお月さま。あまりに美しいお月さまに感動して、「お月さま、あなたを写させてね」と語りかけながらお月さまにピントを合わせて、シャッターを切りました。出来上がった写真を見てビックリ。丸い月は一枚もないのです。どれも形を変えた月ばかり。肉眼では丸い月だったのに。フイルムはみな同じです。いったいどうしたことでしょう。その中にハートの形をしたお月さまがあります。長い光を放っています。それ以来、お月さまを何枚撮っても、丸い月が写せなくなり、どんどん赤い線、緑の線など変容した月ばかりになり、以来追いかけるのをやめました。

不思議なハートのお月さま。

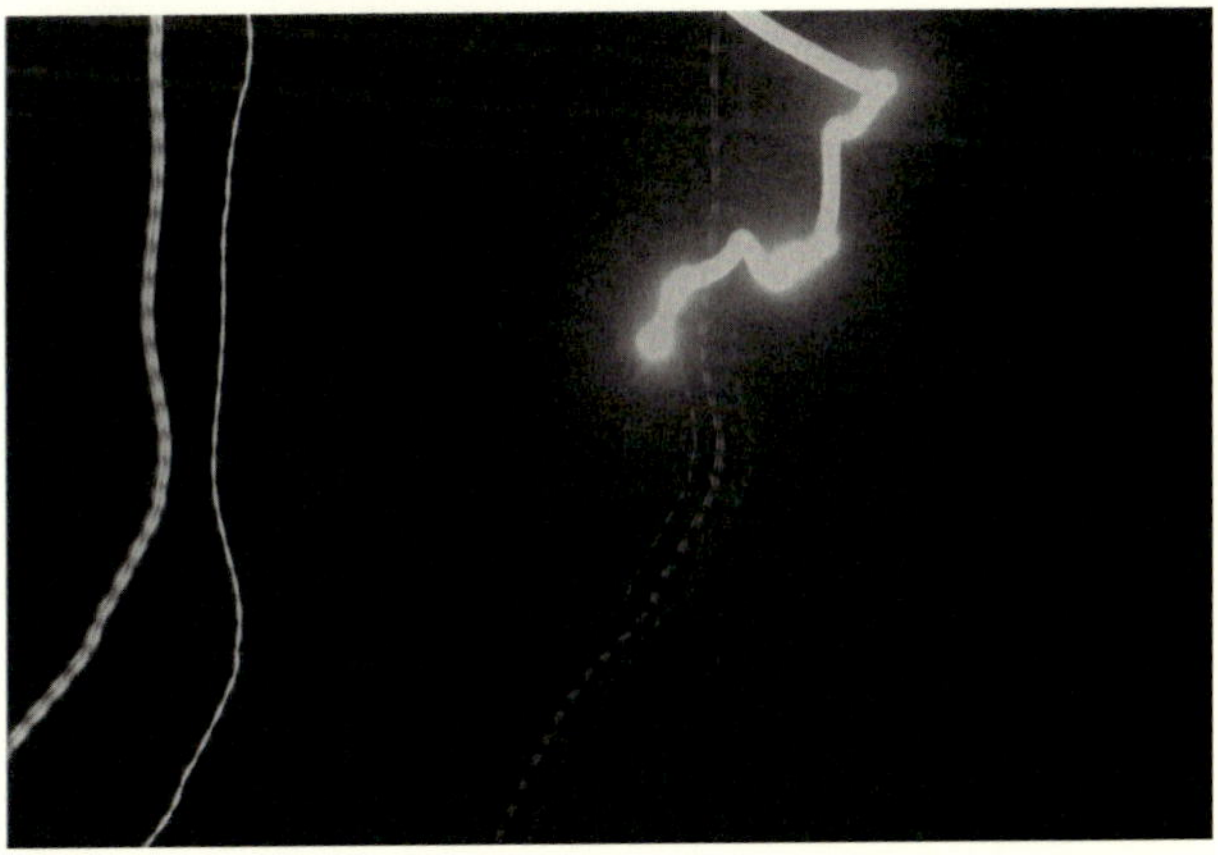

いったいどうしたことでしょう
何枚撮っても丸いお月さまが
写せない……

翌年、明け方に蓮の花の夢を見て、大賀博士の古代蓮の写真が無性に撮りたくて探していると、家からさほど遠くない蓮田《はすだ》があることがわかり、早朝、夫と出かけました。

古代蓮の見事な蓮田です。二千年経って発掘された種の三粒、そのひと粒が開花に成功。発見された大賀博士のご努力から、大賀蓮《おおがはす》（古代蓮）とも呼ばれています。

これほど素晴らしい所があるのに、今までご縁がなかったなんて……。幾人もの人がカメラを向けています。朝日の中に白もピンクも、蓮の花の美しいこと！　葉っぱの上で露のしずくがキラキラ虹色に輝いています。小さい小さい蛙ちゃんも可愛い。「あなたも、あなたも写させてね。きれいに撮ってあげるわね」と嬉しくて、時間が経つのがわかりません。私の道楽を忍耐強く待っている主人のことが気になりながら、その場を離れられません。一枚の花びらにチョンと留まっている小蛙があまりに可愛いのです。撮りたい思いはみなさん同じらしく、なかなかいい場所が取れません。私の番が来ないので諦めかけていたら、「奥さん、僕の前に来て撮りなさい」と背の高い男性が声をかけてくださいました。折角のチャンス、夢中で何枚か撮って、その場を離れました。どの人も三脚を構えて、高級品のようなすごいカメラを持った人ば

大賀蓮（古代蓮）と、小さな蛙ちゃん。

十四世ダライ・ラマのご本、
『思いやり』(サンマーク出版)
に起用された蓮の写真。

かわいいお地蔵さまの絵。
田記有子さんの作品。

かり。私はデジカメです。写真のことは何もわからない。技術もありません。あるのは自分の感性だけ、美しいと思ったら、どの花も愛《いと》しいのです。

蓮の花の美しさが忘れられなくて、もう一度一人で蓮田に出かけましたが、終わりかけの蓮田は少し寂しいながら、それなりの風情があり、やはり素敵でした。それ以来、花の美しさに惹かれて、バラや椿その他の花にもカメラを向けるようになりました。けれどどんなによく撮れても、実物には敵いません。

そんなある日、「雪田さん、蓮の花の写真展をしてみない?」と、友人の藤井惇子さんから思いがけないお声をかけていただき、可愛いお地蔵さまの絵を描かれる田記有子《たきゆうこ》さんとのコラボで、「蓮の花に添えられた言葉・二人展」を開かせていただきました。田記さんは神田神保町で和紙を扱う店、宮内庁ご用達の老舗「山形屋紙店」の奥さまです。田記さんは、迫先生と同じように、あるときから言葉が降りてきて、書き終わるまで眠らされないという不思議な方です。

写真展を、とお声をかけてくださった藤井惇子さんのお父さまは瓜谷侑広《うりたにゆうこう》さんといって、精神世界の出版で著名な「たま出版」を興された方で、弟さんは出版社「文芸社」をスタートされました。常日頃、藤井さんは「私は魂《たま》結びの役割りでありたい」とおっしゃっていて、「たまサロン」を開かれたのです。オープン最初に展示させていただいてとてもいい記念になりました。このことがきっかけで、蓮の花の写真を気に入ってくださった早川須美子さんのお世話で、十四世ダライ・ラマのご本、『思いやり』（サンマーク出版）に私の蓮の花の写真を載せていただきました。身に余る光栄なことと心から感謝いたしました。

「泥中白蓮華《れんげ》」――書道展に出品するとき、ふと思いついた言葉です。なぜかその句が浮かびました。あの書を残しておけばよかったのにと思うのですが、どこにも見当たりません。惜しいことをしました。

蓮の花は、泥の中からあのように美しい花を咲かせるのですね。その頃読んだ安積《あずみ》得也《とくや》さんの詩に次のようにありました。私の思っていたことが見事に表現されていたのでメモしたのです。

はきだめに　えんどう豆咲き
泥池から　蓮の花が育つ
人みなに　美しき種子《たね》あり
明日《あす》は　何が咲くか

人みなに　美しき種子あり、
という一句がジーンときたので記憶しているのです。
次の年、蓮の花を写したいと早朝出かけたのですが、ひょうの被害に遭って、蓮田は見るも無残なありさま、胸が痛みました。やっぱり一期一会なのですね。この言葉をあらためてしみじみ噛みしめました。

## 永平寺東京別院にて在家得度

平成十八（二〇〇六）年十月、私にとっては記念すべきことがありました。

永平寺東京別院（長谷寺）で、私はお授戒（お釈迦さまの弟子になること。仏門に入る戒律をいただくこと）を受けます。四泊五日。坐禅、読経、「修証義」のご講義と「戒法」のお話。ことに「修証義」の中の

「愛語能《よ》く廻天の力あることを学すべきなり」

に、感銘を受けました。

愛語とは優しい言葉、温かい言葉です。そこには廻天の力があるというのです。廻天とは天地をひっくりかえしてしまうことです。これはすごい！　言葉ひとつ、とりわけ愛語には、その人の一生を変えてしまうほどの力があるという言葉の尊さ、大切さ。言葉ひとつで生き方が変わることもあります。日頃、とかくぞんざいな言葉を使ってしまいますが、私も本当に気をつけたいと思います。

「戒法」のお話では、仏教の重要なことを学びました。

三宝帰依《さんぽうきえ》は信仰的信念の確立。

「南無帰依佛、南無帰依法、南無帰依僧」

と唱え、合掌して頭を下げ、これを唱え奉ることです。

三聚浄戒《さんじゅじょうかい》は、三つの固い誓いで、信仰生活者の誓願です。

第一摂律儀戒《しょうりつぎかい》「悪いことを絶対しない」

第二摂善法戒《しょうぜんほうかい》「善いことを必ず実行する」

第三摂衆生戒《しょうしゅじょうかい》「世のため人のためになることは必ず実行する」

十重禁戒《じゅうじゅうきんかい》「慎みの習慣としての十カ条の大切な誓い」

これは信仰生活者の具体的な実践項目です。

第一不殺生戒《ふせっしょうかい》「殺してはならない」

第二不偸盗戒《ふちゅうとうかい》「盗んではならない」

第三不邪淫戒《ふじゃいんかい》「浮気をしてはならない」

第四不妄語戒《ふもうごかい》「偽りの言葉を口にしてはならない」

第五不酤酒戒《ふこしゅかい》「酒に溺れないこと」
第六不説過戒《ふせつかかい》「他人の過ちを責め立てない」
第七不自讃毀他戒《ふじさんきたかい》「自らをほめてはならない、他をそしってはならない」
第八不慳法財戒《ふけんほうざいかい》「他に施すことを惜しんではならない」
第九不瞋恚戒《ふしんにかい》「怒りに燃えて、自分を失ってはならない」
第十不謗三宝戒《ふぼうさんぽうかい》「佛、法、僧の三宝を敬い、不信の念を起こしてはならない」

禅師さまから直接、受戒、得度のご縁をいただきました。
宮崎奕保《えきほ》禅師さま（百六歳）にお目にかかりましたが、もう本当に生き仏さまです。自然に頭が下がりました。けじめとして、私は在家得度（世間にいながら仏門に入ること）をさせていただきました。戒名「福田法幸《ふくでんほうこう》」というお名前をいただきました。

## 脳梗塞！

平成十九（二〇〇七）年、私の身に大きな出来事がありました。
このことは触れようか触れまいかと迷ったのですが、私の後半人生のとても大きな出来事だったので、やり過ごすわけにはいかないと考えて、きちんと記すことにしました。人生には魔がさすということがあるのですね。観音さまが大好きで仏教に帰依していながら、愚かな自分への戒めです。

十一日会で出会ったKさんという人物がいます。皆さんに手かざしをなさっていました。手かざし自体を否定はしませんが、少しでも人に喜ばれ、人のお役に立つならばありがたいと思い、Kさんの紹介である新興宗教と出会います。入会し、初級研修を受けて、行動を共にすることが多く、とにかく忙しい年でした。

翌年平成二十年三月二十八日のことです。早朝、トイレに行きたくて目を覚ましたのですが、右の手足が何か変なのです。重くて自由が利かない。やっとの思いで起き上がり、用を足し、椅子に腰を下ろします。当日、兄夫婦がその教団の初級研修を受けることになっていたので、兄の家に泊まっていたのです。兄夫婦が起きてきて私の異変に気づき、救急車を呼ぼうとしたのですが、それをわざわざ私が止めたのです。私はあまりに無知すぎました。頭痛もなく、意識がハッキリしているので、病気だと思わなかったのです。「もう少し様子をみる……」と言って。

Kさんは自分の娘さんの脳腫瘍を手かざしで治したと言っていました。手かざしこそ最高の療法と日頃から言っていました。そういう事情もあり、兄夫婦に救急車を呼ぶのをやめさせ、Ｋさんに電話をしたのです。するとＫさんは、「病院に行ったら絶対に駄目。私が行って手かざしをすれば良くなるから、お兄さんたちには必ず研修会に行ってもらって」と自信に満ちた声で言うのです。

いま考えれば私はこのとき、完全にマインドコントロールされていたようです。Ｋさんをあまりにも信じ過ぎていたのです。兄は心配して何度も救急車を呼ぼうとしましたが、それを止めたのは私です。Ｋさんが来てくれれば良くなるとひたすら待ちましたが、時間がどんどん経っていきます。不安がつのりました。ＫさんとＳさんが揃って来たときには、身体に異変を感じてから五、六時間が経過していました。ところが驚いたことに、二人は私の病状をよそにその原因を調べ始めるのです。二人は私の後ろで何やら相談していましたが、私には見えも聞こえもしません。どうやら私の異変を霊障のせいにしようとしているようです。

そうして突然、サニワ役、霊媒体質のＳさんが私に向かって、

「土下座しろ、無礼者、頭《づ》が高い」

と、いきなり私の右腕を思い切り引っ張りました。座っていた私は倒されました。

何が起こったのかよくわからないまま、私は呆然としていました。彼女たちのなすがままだったようです。憑依《ひょうい》されて別人になったSさん。ただただ異常な二人の行動が恐ろしく、いま思い出してもゾッとします。脳梗塞（そのときはまだはっきり病名が決まっていません。病院での診察後に付けられた病名です）らしい病状の私を前にして、彼女たちのとった行動がこれでした。この事実を知ったら教団ではどのように対処したでしょうか。

不思議なことに、その上のほうで、「この人、これからどう生きて行くのだろう？」と心配そうに覗き込んでいるもう一人の私がいます。もう一人の私。あとで、「それは真我だ」とある人に言われましたが、そのときの私には、そんなことはわかりません。ただ、不思議でありがたいことに、「延命十句観音経」がずっと聴こえていました。

観世音南無佛《かんぜおんなむぶつ》
与佛有因《よぶつういん》
与佛有縁《よぶつうえん》
佛法僧縁《ぶっぽうそうえん》

常楽我浄《じょうらくがじょう》
朝念観世音《ちょうねんかんぜおん》
暮念観世音《ぼねんかんぜおん》
念念従心起《ねんねんじゅうしんき》
念念不離心《ねんねんふりしん》

そうしているうちに、正気に返ったらしいＳさんが慌てて、「うちの主人は早く病院に行ったから、脳梗塞が軽く済んで助かった。すぐ病院に連れて行こう」と言っているのが聞こえてきます。Ｋさんは、「病院に行ったらそれで終わり。手かざしで大丈夫」と、頑として拒否の姿勢です。Ｓさんが、「本人に聞いて見ましょう」と言っていいます。私は一も二もなく「救急車を呼んで！」と頼みました。このとき声は出せました。やっとＫさんが救急車を呼んで、救急車の中で血圧二三〇と聞いたときは、これで終わりかなと思いました。上尾中央総合病院に救急搬送されたのですが、Ｋさん、Ｓさんは他人なので病院の中に入ることを許可されず、身内の兄が来てやっと入院できたのは夕方遅くでした。病院の廊下に放置されていたこの間の私の不安な気持ち……。病名は「脳梗塞」。脳梗塞による右半身不随。機能を失った手足は非常に重い。喋る以前に声が出ないのです。集中治療室で検査、点滴、その他の治療が始まりました。

兄からの連絡で、一番最後に知らされた主人はどれほど驚いたことでしょう。心配そうに私の顔を見ていた主人……。思い出しても胸が痛みます。Kさん、Sさんは以来、毎日のように来て、必ず良くなるからと、手かざしをしてくれますが、まったく変化はありません。Kさん、Sさん、この現実をどのように感じられたのでしょうか……。

入院五日目から言葉のリハビリが始まります。「あ・え・い・う・え・お・あ・お」「か・け・き・く・け・こ・か・こ」と声を出す訓練なのですが、舌が丸まっていて、言葉以前に、声らしい声を出すのに必死です。

運よく二十五日目ほどで埼玉総合リハビリテーションセンターに転院できました。

Kさん、Sさんは手かざしに通ってくれたようですが、そんなことでマヒが良くなるわけはありません。転院と同時に、一切連絡を絶ちました。日が経つにつれ、Kさん、Sさんのとった行為がどうしても赦せなくなり、面会に見えても拒否しました。

冷静になってくると、彼女たちへの不信感、教団に対しての疑問、そういうものがふくれ上がってきたのです。

憎いと思いました。彼女たちの行動が恨めしく、どうしてすぐに病院へ連れて行ってくれなかったのか、なぜ？　なぜ？　なぜ？　それをずっと考え込んでいました。脳梗塞は時間が勝負だといわれます。今では、完全にマインドコントロールされてる彼女たちが気の毒で哀れに思います。神は外に求めるものではない、自分の裡《うち》にあるのですから……

当時は最悪でした。昼間はつとめて明るく振舞っていても、消灯後は人に見せない涙をどれほど流したか知れません。先の見えない辛さです。どうして私だけが？　初めて死にたいと思いました。だけど半身不随では自殺することもままならない……。

Kさんに出会わなければ新興宗教との縁もなかったのにと、思いはどうしてもKさんとSさんのとった行為に向かいます。教団でもよく霊障の話を聴きましたが、そのことにいつからか違和感を感じてました。教団では赦されていない行動を起こした二人に対して、本当にどうしようもない怒りが起きます。

日が経つにつれ、ようやく自分を取り戻して、よそ道にそれたばっかりにと、今度は自分の愚かさを感じます。やがて自己嫌悪に陥ります。しばらくすると、そうだ私は観音さまに護られているのだと気がついて、改めて感謝をしたのでした。

お守りなど必要ない。私の中にいつも観音さまがいてくださるのです。そう思うとKさん、Sさんが気の毒になりました。迷わされてることに気がつかないとは……。

こうして治療が始まりました。

理学療法、作業療法、言語療法の先生方によるマンツーマンのリハビリです。理学療法は足のリハビリです。「あなたは何を望みますか?」と訊かれ、「退院するときは一本杖で歩きたい」と答えました。作業療法は手のリハビリ。先生から「長い間使っていた右の手を休ませて、これからは左の手を右手のように練習しましょうね」と。その言葉を聞いて、右手の回復は望めないのだと知りました。亜脱臼があるために右の肩と、右手に痛みとしびれがあります。右手の自由を奪われたのが、なによりショックです。書道で自由に文字を書くことを楽しもうと思っていたのですが、これからは書はムリだとわかりました。

脳疾患は後遺症が厄介なのだそうです。それはそうですよね。脳は身体の指令塔ですものね。記憶障害があるか否かのいろいろな検査やテストがあり、幸いなことに、記憶の分野は大丈夫ということで、これには助かりました。人との意志疎通ができないのはなにより悲しいことです。

## 誰にも会いたくない

それにしても私の身内だけで、十一日会の人たちを巻き込まなくて良かった。つくづくそう思います。私の病気は友人、知人、誰よりも身近な夫に一番ショックを与えてしまいました。誰とも会いたくない日が続きました。

迫先生からは、毎日のように留守電が入りますが、喋れないもどかしさで、誰の電話にも出られない、いえ、出たくないのです。脚に装具をつけて歩く。装具が私の足です。装具さんに感謝です。ありがとう、ありがとう。歩くのがこんなに大変だなんて！　歩き方がわからないのです。歩くって、意志が先、筋肉が先？　どっちだったかしら？　歩くことなんて誰も意識しませんね。足が動かないと、前にも後ろにもどうにもならない。ましてマヒがあります。まっすぐ前を向いて歩く、なんでもないことのようですが、マヒした足で感覚を失うと、とても怖いのです。こわくて、こわくて、どんなに大丈夫と言われても、転びそうで足が動きません。足元を見るのがやっと……。三カ月経つと否応なく退院なので、歩けるようになるまで必死でした。厳しい先生でしたが「下には何も落ちてないよ、思いきって上を見てごらん」とおっしゃいます。ふと何気なく見上げた空に、夾竹桃の鮮やかなピンクの花が目に飛び込んできました。「ワー、先生、お花がきれい！」。感激でした。

「あら、こんな所に噴水がある」

「前からあったよ、知らなかったの？」

びっくりされて笑われましたが、足元の地面ばかり見ていて、何も目に入らなかったのです。小さなことでも、何かを発見することが楽しくなりました。姿勢を正しくすると、視野が広がって、全体がよく見えることを知りました。

リンパマッサージの先生、菊地優子さんが「私が少しでも楽にしてあげる」と毎週来てくださいました。退院するまで無料奉仕です。もったいなく、ありがたいことです。いずれにしても、とにかくこの不自由な身体を受け止め、そして、この現状を受け入れなければ何も始まらないことに思い至ります。何より、今までの五体満足だった自分とは比較しないこと。このまま、在るがままのおまかせで良いと気付いたら、とても気持ちが楽になりました。少し人恋しくなった頃に、「断られることを覚悟で来たの」と早川須美子さんがいらしてくださったときはとても嬉しかった。いいタイミングで来てくださって本当にありがとう。

同室の私よりはるかに後遺症の軽い人の話を聞いていると、「人と会うのは嫌だ、特に知ってる人と会うときは、帽子を目深に被って、顔を合わせないようにするの……」との言葉にビックリしました。恥ずかしくて、みっともない、格好が悪いなんて……。悪いことをしたわけではない。まして誰にでも起こることです。みっともなくても、不恰好でも、これが今の私の身体です。たとえ人にどのように見られようとも、私は胸を張って堂々と生きたいと思いました。

病気のお陰でありがたいことに、見栄も虚栄もプライドも、すべての欲が、私の中からストンとなくなっています。今までの私とは違います。病気が私を強い人間に変えてくれました。外側のことにまったく興味がない。美醜も関係なく、その人の本質が見えるようになりました。失ったものも大きいけれど、それより新たに得たことのほうが大きいかもしれません。自分が障害を持って、はじめて障害者の気持ちがよくわかりました。体験こそすべて。そのために私が選ばれたのなら、自分に負けられません。自分に克つか負けるか、これもお試しですね。ありがたく受け止めなければ……。

これからどう生きるか、あえて不自由な身体を与えられたのもきっと意味があるに違いないのでしょう。これをクリアしなければ、神はお赦しにならないと思います。人間、生まれてくるときは裸です。死ぬときも裸ですから、何ひとつ執着せず、この世とおさらばしたいと私は願っています。

## 太陽さんありがとう

毎朝、日の出を拝みたくて、東側の窓に車椅子で移動して、日の出を待ちます。ある朝、空と山をまっ赤に染めて太陽が昇ってきます。その太陽がどんどん私に迫って来ます。いつものように、「太陽さん、ありがとうございます」と手を合わせて目を閉じます。といっても片手なので心の中の合掌です。いつの間にか太陽に包み込まれ、私がそっくり抱かれているのです。あら、私が太陽になったのかしら？　とても熱くて眩しい！　一瞬の間でしたが、不思議な不思議な体験をしました。目を開けると遥か遠くに太陽さん。垣根が取り払われた感じで、木の葉も、飛ぶ鳥さえも、ニコニコ笑っているようです。見る景色が今までとはガラリと違うのです。あ、私は生まれ変わったのだ！

新たな人生のスタートです。大宇宙の生命、目に見えない大いなるものに護られて、生かされて生きている。このありがたい真実に心からの感動、感謝です。ありがとうございます！

亡くなられた観音寺の堂頭さまと東堂さまの夢を見ます。夢の中で「よし、よし」とお二人が大きく頷いてニコニコ笑っていらっしゃいます。長い間ご指導いただいた宿題が解消したようです。改めて二人のお師家さまに感謝いたしました。お腹の底からクックックックッと笑いが込み上げてきて、何を見ても、何を聴いても、嬉しくて嬉しくて、笑いが止まらないのです。つられて同室の皆が笑います。病棟でいちばん明るい部屋にしようと、童謡、唱歌を歌うことを私が言い出して、夕食後、四人でコーラス。言葉のリハビリです。まったく喋れない失語症の人も引っ張り出して、ときには先生やナースも参加したり……。楽しかったですね。

同室の方が退院されるということで「千羽鶴を贈りたいから折ってみませんか？」と誘われて、同室の皆さん、私同様片マヒなのですが、左手だけで折るのです。初めはきちんと折るのに手こずりましたが、この作業自体がリハビリになって、とてもありがたかったです。
秋山理穂子さん、きれいな千代紙をたくさん贈ってくださってありがとう。お陰で上達しましたよ。退院間際、迫先生はじめ十一日会の山平松生さん、武田仁・貴美ご夫妻、柳田燿子さん、田中佳代子さん、大島美津子さん、小島良子さんの皆さんがわざわざ私に会いに来てくださいました。とても嬉しかった。このときいただいたメッセージは大切な宝物です。
「上をみて。雪も上からきよめる、上がよろし、上が尊し」(迫 登茂子)
「意志軟弱なかつての雪田さんから、とても強くなった雪田幸子さんを見た。ありがたきことかな」(山平 松生)
「感動は、感じて動くというのだなー! 相田みつを」(武田 仁)
「幸子さん、本当によかったね。私もまた勉強しました。リハビリ、ガンバレ!!」(武田 貴美)
「久しぶりにお逢いできた嬉しさに胸いっぱいになりました。フレーフレー幸子さん」(柳田 燿子)
「我が師幸子さま、これからもよろしくご指導くださいませ」(田中 佳代子)

「早く早く十一日会で逢えますように」（大島 美津子）
「星に願いを込めて、雪田幸子さんの幸せをお祈りします」（小島 良子）
（平成二十年七月六日）

みなさん、ありがとうございます。

平成二十（二〇〇八）年七月二十五日、家の近くの老健施設「ふきのとう」に転院しました。リハビリができる施設を主人が探してくれたのです。迫先生の詩集『愛』を読んでいると、ピタリとくる詩に出会ってビックリします。

かついでのせておどらされ　気付きし時はふみはずし
いかなるなりゆきにも　ことわりがあり
その先の深み　よみて進むその目必要
目の先のことは　ながれにまかせ　正しき道のよみ人たち
つどいてつどいて　何をなすべきや

こういうときは迫先生に電話します。

「先生、私にぴったりの詩に出合いました。神さまは私のような体験をする人間が現われることをご存じでした。先生は言葉を降ろされる方。私は体験者として選ばれました。〝いかなるなりゆきにも、ことわりがあり〟、この言葉で納得しました。病気は神さまからのプレゼントです。自分の身に起こることはすべて必然だということ。たとえ偶然に見えても……」

この病気が必然だとすると、Kさん、Sさんも、たまたまそこに居合わせて関わったために、むしろ気の毒だったかもしれません。災難ともいえます。今では彼女たちのことは、何とも思っていません。もちろん憎んでも、怨んでもいません。すべて赦しです。

赦しがなければ、私自身が救われませんから……。

三位一体身ひびきの　心のはてにしみる時
人　生かされあるを気付く
かたえの小花にふく風の　やさしきなぞらい　いき届き

すみずみまでも　もるることなく
気配りの行きとどき　感謝のことばこだまなり

神にあずけた身なれば　思いわずらうことなかれ
手をひき　みちびかれるまま　やみを　雲をあゆめ　つきぬけよ
己が道はるかなり　一筋の道はるかなり

つみ重ねしもの　かなぐりすてよ　持ちたるもの捨てよ
人の生きざま　捨てる美しさにつながる　捨てて　捨てて
一つ残るもの心に到達　見事なり

かざしもに立ち　さまざまなつみけがれ
人にかわりて　我が身うけよ　つぐないに力を貸すものなり
荷は重きにあらず　心愛なれば軽く流して
この世の清めのお役というなり

導かれるままの
道をすなおにあゆめ
用意された道なり
役目の道なり
えらばれし者はずしてならぬ

見栄をすて儀礼をすて　心ゆくまでまこと語るべし
まことの手のぬくもり　小宇宙なる体のすみずみまで
浄化させるものなり　時はいらぬ　まことまことなり

（迫先生の『ことのは』より）

「ふきのとう」に入所してからは、迫先生がたびたび何人もの方をお連れになって来てくださいました。田中佳代子さん、美味しいお煎茶を点ててくださって、ごちそうさま。毎日、誰かれと来客がある私のことを、何者？　と周りから思われていたようです。三カ月経っていよいよ退所。七カ月ぶりに自分の家に帰ります。

そういえば前の年にひょんなことから現在の大泉学園町に引っ越していました。知人の重村一巳さんから、夫が引退するのはまだ早い、家も用意するから自分の会社に来てほしいと、思いがけないオファーをいただいたのです。重村さんと夫は何の利害関係もないお付き合いです。まるで病気のために用意されたようなバリアフリーのマンションです。障害物だらけの前の羽村の家ではとても生活できなかったでしょう。

転居して一年も経たないうちに、私の介護のために夫は退職します。約束半ばで退職を余儀なくせざるを得なかった夫に、重村さんは「ずっと住んでて良いから、何か困ったことがあったらいつでも遠慮なく言ってくるように」とおっしゃってくださったのです。なんと大きな広い心の方でしょう。今の世の中にこんなもったいないありがたいご縁をいただくとはどういうことでしょうか？　重村さんは私たち夫婦の大恩人です。目に見えないご加護をどれほどいただいていることでしょう。ただただありがたく感謝するばかりです。

週三回ヘルパーさんに来ていただきます。そのお一人は十八年の長い間、お姑さんを介護保険のない時代から介護されてきた方で、最後まで寝たきりにさせなかったというだけあって、教えられることが多いのです。そして細やかな心づかいがありがたいのです。

私は、デイサービスとリハビリの毎日です。リハビリは絶対不可欠で、怠けると筋肉、関節が硬縮してしまいます。痛くて悲鳴を上げたくなるときもありますが、少しでも楽になるように自分自身を励まして頑張っています。

デイサービス。夫の介護をするつもりでいた私が、まさかこんなに早く介護保険のお世話になるとは思ってもみないことでした。介護の仕事は重労働ですから、お世話くださる方、本当にご苦労さまです。スタッフの皆さんは明るくて優しい方たちです。何より入浴がありがたいですし、脳トレで難読、難解な文字のクイズや、押花絵、塗り絵、ゲーム、コーラスなど、スケジュールが楽しく工夫されてあり、いつも楽しい時間をいただいています。

出会う皆さんがどの方も良い人ばかり、私はもったいないくらい恵まれています。誰かの手を借りなければ何もできない私。発症した当時は、怠け者になったような気がして辛かったですね。してもらうことが当たり前にならないように気をつけています。甘えが当たり前になると、感謝の気持ちがなくなるのが怖いのです。

## 3・11東日本大震災

この日は十一日会の当日。椅子に腰かけていて、突然大きく身体が揺れました。十一日会で初めてのことです。揺れがかなり長かった。ある方が座布団を頭に乗せていたのを思い出します。私は「延命十句観音経」を心の中で唱えていました。私は介護タクシーで何事もなく無事に帰れたのですが、残られた方々は大変だったようです。先生のお宅に泊まられた人たち。バスを乗り継いで長時間かかってやっと帰られた方、茨城のほうからいらした方は大変だったことでしょう。何より現地では、大勢の方々が尊い命を奪われてしまいました。あらためてご冥福をお祈りいたします。九段会館も、大ホールで卒業式の最中に天井の崩落事故で死傷者の被害が発生したため、この日で閉鎖されました。昭和九（一九三四）年軍人会館としてスタートした伝統ある建物でしたが、私はパートとして二十年勤めました。ありがとうございました。

十一日会のお友だちは、毎月のようにわが家に来てくださるありがたい方々です。お掃除も、あっという間に窓ガラスまでピカピカにしてくださる武田貴美、柳田燿子、田中佳代子、大島美津子、秋山理穂子、倉林正恵、桑原照子、小島良子、三宅治子の皆さん、本当にありがとうございます。いつも朗らかなお喋りのひと時を楽しみます。より絆が深くなり、逢うだけで嬉しいのです。田中佳代子さんのお香（聞香《もんこう》）で優雅なひと時、そして美味しいお煎茶を点てていただいて至福の時間を共有させていただきます。ありがとうございます。いつも細やかな心配りと心遣いに感謝です。

## 慢性硬膜下血腫！

平成二十四（二〇一二）年十一月十二日、朝、起きようとしてもまったく寝返りができません。どうも変です。あれ？　思うことと、口から出ることがまったく違う。頭痛はない。意識もはっきりしているつもり……。土日でクリニックが休みです。言いたいことが主人に伝わらない。不安というより、私はなぜかおかしくて笑ってばかりいました。本当は笑いごとではないのに……。

主人はこれで終わりかなと思ったそうです。翌月曜日、いつものようにリハビリに行き、ベッドに座ろうとしても、身体のバランスが取れなくてコロンコロンと転がってしまいます。ダルマさんみたい。すぐにＭＲＩ撮影に回されました。

翌日、埼玉病院脳外科に入院。「慢性硬膜下血腫」との診断で、即手術。局部麻酔ですから、頭に穴を開ける音、先生方の喋る声、もろもろの音が全部聞こえて、それが怖かった。日頃バランスを崩してよく転んでしまい、ベッドの前の箪笥におでこをしたたか打ったときは、「タンスにゴン」なんて冗談を言ったりしていたのですが、このときに頭を打ったことが原因だったようです。知らぬ間に脳に血が溜まったらしいのです。早くてよかった、不幸中の幸いです。

手術は大成功でした。脳の左右のバランスがいびつになると、何らかの障害が出るそうなのです。毎日のリハビリのお陰で一カ月で退院できました。マヒの状態が前より重く、不便になりましたけれど……。

この年は夫が熱中症で耳にばい菌が入り、脳に移行すると大変なので即入院を勧められましたが、半身不随の私を一人にしておけないので、毎日、日大板橋病院まで点滴のため、通院です。日曜祭日も関係なく、かなり長かったような気がします。もともと夫の左耳は、子供の頃の中耳炎の手術の失敗で聴こえません。音のない世界になってずいぶん不自由だったようです。なんと医師との会話も筆談でした。

耳が聞こえないとトンチンカンで会話が成り立ちません。度々ふきだすような会話になり二人でよく笑いましたが、一時的なもので助かりました。不便を経験すると、

家族が増えました。背中に天使の羽があります。愛犬リリーちゃん。

普通に聴こえることのありがたさを痛感します。今はお陰さまで夫は補聴器を使って、ちゃんと会話が成立しています。

大事なことを忘れていました。わが家に家族が増えたことです。飼うつもりがなかったのに、その仔と目が合ったとたん、「うちの仔」と決めてしまった小型犬パピヨン。メスの五才のリリーです。背中に天使の羽がありります。きっと神さまが授けてくださったのです。賢い仔で、トイレを二回で覚えてくれました。獣医さんに「たいしたもんだね！」と感心されました。親バカになりつつありますが、リリーのお陰で夫も私も、日々を癒されています。こうして夫の献身的な愛情や友人たちのエール、介護のお陰とリリーの癒しを受けて、感謝しながら毎日を過ごしています。

ある夜、不思議な夢を見ました。

夢の中で亡くなった婚約者の豊彦さんと私が逢っています。

「豊彦さん、生きていたの？　私どうしよう？」

雪田と結婚している私はかなり動揺して戸惑っています。

「いいんだよ。誰よりも君のことを大切に思ってくれてるので安心した。もっとも、僕が託した人だけど……」と言って、少し寂しそうに、そして消えていきました。夢で死者と話したのはもちろん初めてのことです。考えてみると、見合いのときに、夫が「この人だ」と思ってくれたことで今日が在ることを、しみじみありがたいと思います。

当たり前当たり前なるありがたさ気付きのための病なるかも

何一つわが意のままにならぬこと手足の自由奪はれて知る

生かされて今在る命ありがたし上り来る陽にただ手を合はす

在るがまま生きれば良しと決めしよりこころ平らに夫に対ひぬ

一人では何もなし得ぬわが為に多くの方の手足賜る

感覚のなき足なれど一歩ずつ桜並木を踏みしめ歩く

車椅子押され行くときひらひらと花吹雪舞ふ夫と吾に

生きるとは昨日でもなく明日でもなくただ今・今の瞬間に在る

父母の年はるかに越えて生きる日々全ての全てに只ありがたう

## 迫先生に書いていただいたお守り

試しなり
喜びも悲しみも
試しなり
悲しみが過ぎさり
ようよう喜びの
細胞の花ひらき
この先嬉し楽しの
喜びに胸つきあげる
日々を送らん

細胞の花ひらき……。
この言葉、とても嬉しかったです。そして何よりありがたいと思いました。私の細胞さんに、あらためてありがとう！　感謝します。先生のお守りは額に入れて、武田仁さんに描いていただいた観音さま、お地蔵さまと一緒にリビングに飾ってあります。

不自由な身体でどう生きるか？　これこそが私に与えられたお試しです。不自由といっても左手足は使えますし、目、耳は大丈夫です。それに口の中の違和感は別として、味覚もありますから、何でも美味しくいただくことができます。生活するのに何の支障もありません。この身体に慣れればいいだけなのです。できないことを嘆くより、少しでも何かできることを喜ぶ日々でありたいと願っています。

人は一人では生きられません。今までどれほど沢山の人に支えられて来たことか。どの方にもご恩返しできないまま、ただ感謝あるのみの毎日ですが、これでいいのかと常に自問自答しています。せめていつも笑顔でありたいと願っております。人の寿命は神のみぞ知る。わからないから平気で生きていられるのかも知れませんが……。

それにしても武田仁さんとは、あまりにも突然のお別れでした。

平成二十六（二〇一四）年三月二十九日、二十一日間心肺停止で意識のないまま、仁さんは静かに亡くなられました。仁さんは仏画家で松原泰道先生の仏弟子。いつも静かに微笑んでいらした姿を思い出します。西国、坂東、秩父の百観音巡りをしたときに私が着用したおいずる（袖のない法衣）を着て、西国浄土に旅立っていただきました。私自身は白菊会（献体）会員なので自分の身体は献体します。武田貴美さん、乳がんを克服されてご主人の突然の死からも立ち直られて本当に良かった。あなたは向日葵《ひまわり》のような人だから、いつもパワー全開でいてくださいね。

《第6章》

# すべておまかせ

## ハートの月と不思議な夢

「なんじ、愛を与えよ。愛こそすべて！」
早暁、突然大きな声が聴こえ、光を放ったハートのお月さまが映しだされて、目が覚めました。愛を与えよ、ですって？　どうしましょう？　多くの人から愛をいただいてるのは、私のほうなのです。その私に愛を与えよ、とは……？

迫先生の『ことのは』から

神ありて仏ありて
この空《くう》に
すべてある
ある力に支えられる人
必ずあらわれる
今日まず己に感謝せよ

己をいたわること
大事なり

神に導かれあるを
実感せよ
偶然はなし
すべて神のはからい
よせ集められしはかりごと
とりこみとりまとめ
我がものにすべし
感謝の言葉におきかえ
ふつふつたぎらすべし

ゆだねは花
かしずきは仏

すべてに感謝

ありがとうが
今日も仲間を連れてやってくる
よろこびあえば
力が二倍になって
三倍になって
渦が出来たら
又々仲間がふえて
悲しみさえも
遠くで手を叩き始めます

## みなさん、ありがとうございます

私はこのように身体が不自由で、みんなにいつもご迷惑ばかりかけていました。自分から何かをしてあげることはありません。いつも助けてもらい、してもらい、救いの手をさしのべられてきたのです。それに対して私は何ひとつお返しができません。ですから、いつも小さくなっていたのです。

ところがあるとき、「ちがうのよ、雪田さん、愛を与えているのは、あなたよ」と言われて驚きました。「十一日会にあなたの車が到着して、みんなが飛び出して迎えるのは、あなたが愛を与えて、みんなの中にある優しさを引き出すからよ」とおっしゃるのです。

そういえば霊能力をもつある人に「あなたはライト・ワーカーになりつつあるね」と言われたことがあります。私はボヤッとしていたのですが、光を運ぶ人なのですって。

愛をもらっているばかり、そんな私が与える側だなんて！　もったいなくて、ありがたくて、それでもちょっと嬉しくて……。

みなさん、ほんとうにありがとうございます。

わが家に大借金を負わせたＦさんは最後まで私たちの前には現われませんでした。

数年前に亡くなったと風の噂で耳にしました。この世で多くの人に迷惑をかけたまま、清算することができずに終止符を打った彼を、哀れに気の毒に思います。世の中が豊かになった反面、毎日のように殺人があり、あまりに変な事件が多すぎて心が痛みます。戦後、あの何もない時代には食べることが精いっぱい。皆生きることに精いっぱいでした。健常者と呼ばれる人の心の中にある、犯罪に至る心の闇はいったい何なのでしょうか。

健常者と障害者の違いは何でしょう。身体は健康に見えても、心に障害を持った人の多いことを憂います。障害者になった私に、同情は要りません。身体は病んでも、心は病んでいませんから。

最近嬉しいことは、結婚前からの古い友人との再会です。私が脳梗塞になって「心配だけど、どうしても言葉をかけられなかった」と告げられてビックリしました。私から電話をしたら、「逢いたい、逢いたい」と島正子さん、奥山紀子さんが来てくれました。初めて勤めた会社時代からの友人です。何十年ぶりの再会でしょう。不思議ですね。長年逢わなかった距離をまったく感じないのです。つい昨日まで会ってたように、自然に会話が進みます。環境、境遇が変わっても、心が昔のままなのが何より嬉しい。またの再会を約束して別れましたが、交流するのは生きている今しかありません。出会いと縁を大切にして生きてきて良かったとしみじみ思います。

それにしても自然災害の多い年でした。御嶽山噴火で多くの命が奪われました。まだ行方不明の方のことを思うとお気の毒で心が痛みます。犠牲になられた方々のご冥福を心よりお祈りいたします。

自然災害は避けることができませんが、そのときどうあるべきか。私はすべておまかせです。何が来ても、何事があってもすべておまかせという気持ちになりました。ただ災害が少ないようにと心から祈るばかりです。

与えられた人生を悔いなく生きるために「一日一笑」。笑って楽しく過ごしたいと心がけています。今、今を大事にして、最後は自分自身にもありがとうと言って幕を引きたいと願っています。果たしてそううまくいくかどうか。いかないことも覚悟しています。

## 不思議な体験

平成二十七（二〇一五）年二月十一日、十一日会に出席。

席上、初参加の金井京子さんをご紹介しました。金井さんはずいぶん以前に迫先生にご縁があって、迫先生に書いていただいた色紙を持参されていました、金井さんがその話をしていると、突然、迫先生の身体にエネルギーが充満して、「急に書きたくなったから」とおっしゃって、おそばにいた人が色紙を用意。大色紙一枚、色紙十六枚を眼を閉じたまま速いスピードで一気に書かれる。勢いがよく、最近のエネルギーとは少し違うように感じられる。若い頃の先生が再現されているようで、みんな驚いていました。今日は建国記念日だから何か意味があるのかもしれない。

ところが、同じようなことが私にも起きたのです。ヒーラーの吉野太さんに身体の手当て治療をしていただいていたら、不思議な変化が起きたのです。自分の身体が、はじめ小さな波動が起きて、だんだん大きな振動になり、それを自分ではどうすることもできません。ガタガタと身体の震えが大きくなり、止めることができません。ひたすらおまかせです。いったい私に何が起きたのかしら？　眼を閉じているので何もわかりません。

吉野さんが突然、「雪田さんに神さまが降りたから、紙と書くものを」とおっしゃっています。えっ、まさか私に……？　「何を言ってるの、吉野さん？」（これは私の心の中の声）。倉林さんが紙と書くものを用意してくださった。吉野さん、「雪田さんの言うことを書き留めてください」と。
倉林さんが書き留めてくださった言葉。
（二月十一日　十五時四十分）

日輪の国　夜明けを迎える
とうとうと流れる　命の連鎖
今ここに極まれり
信ずる禊《みそぎ》のその先に　光の種が花さかそうそう

迫先生の自動書記のような状態です、まさか私にも起きるなんて……。初めての体験。吉野さんが調整してくださって震えはやっと止まった。吉野さんはヒーラーだから、今後、吉野さんを通して、何か変わるのでしょうか？　人生最後に少しでもお役に立つのであれば、これほどありがたく、嬉しいことはありません。
迫先生にお話したら「私の気持ちがわかったでしょう？」と言われる。私は少し怖かったので、

「先生、はじめ怖くなかったですか？」

「怖かったわよ。この頃は慣れたけれど……」

このお言葉を、繰り返し読んでいると、身体に微妙な波動が起きる。これはいったいどういうことなのか？　これからどうなるのか……？

いいの、すべておまかせです。自分が体験してみると、特別のことではなく、誰にでも起こり得ることかもしれません。私にはまったく何もわかりません……。

平成二十七年三月十一日　十一日会
吉野さんに手当てをしていただく。目を閉じてすべておまかせする。誘導されるまま深呼吸していると、身体がドンドン上に上にと伸びていきます。グルグルとらせんを描きながら、箱から飛び出すような感じになって……美しい音色、鈴でも鐘でもない、今まで聴いたことのないとても美しい音楽です。天上の音楽。至福のひととき……。不思議な感覚を味わいました。

その日の夕刻、

夫の近影。長年の愛を込めて、ありがとう。

（三月十一日　十六時十一分）
ゆめゆめほろり　ゆめほろり
転ぶ先にも　幸がある
笑顔あふれる　この世かな
後にも先にも　花が咲く

迫先生に書いていただいたお守り「喜びの細胞花ひらき……」に共通するようで、私に降ろされた言葉と受けとめました。「神さまが通ったあとは気持ちが良いでしょう？」と吉野さんが笑顔で言われます。例えようもないくらい、本当に心地いいのです。それにしても吉野太さんって、どういう人なのでしょう？

十一日会に参加されるようになって、いつの頃からか私に手当て治療をしてくださるようになった人。迫先生をはじめ、具合の悪い人にも手当てをしてくださる。いつもニコニコ笑顔のエビス顔。大きな大きな笑い声……。迫先生も吉野さんが大好きです。

たんたんと吾の介護に過ごす日々この夫《つま》が居て夫と在る幸

気がついたら今年は結婚して五十年。他人同士が一緒になり、さまざまなことがあり、年月を経て夫婦として、お互いにかけがえのない存在に成長していくのですね。今さらのように過ぎてきた日々が走馬灯のように頭の中を駆けめぐります。それにしても夫の介護をするつもりでいた私が、夫に介護の世話を受けることになってしまって本当に申し訳ないと思います。私の介護にひと言も愚痴をこぼさない夫に、どれほど感謝しても足りないくらいに感謝しています。せめて迷惑をかけないようにと心がけていますけれど……。

夫には長年の愛をこめて、お疲れさまとありがとうの感謝状を贈ります。あの人もこの人も、お友だちはかけがえのない私の財産です。お世話になった多くの方々にお礼を申しあげます。ありがとうございます。生きているのは今しかありません。何事もない今日一日の幸せに感謝して終わりにいたします。

いかやうなことがありても揺るがざるすべておまかせわたしのこころ

合掌

（あとがき）

# 父、母、兄弟たち、そして私のための小さな歴史

二〇一四年三月の「十一日会」の席上、私が自分の体験談をつっかえながらお話させていただいた後、友人の編集者がそばに来て、

「自分史を書いてみない？　一年がかりで。遺書のつもりで……」

と囁くのです。

「遺書のつもりで……」

なぜか、私はこの言葉にはっとしました。

そうだ、母のこと、父のこと、兄弟たち、残留孤児として満州に残してきた弟と妹のこと……書き遺さなければいけないことがいっぱいあると気づいたのです。自分の身に起きたこれまでのことを、嘘のない事実を書く……。そういえば数年前に、迫先

生に「あなたの体験はとても貴重だから風化させてはいけない。本にしなさい」と言われていました。

文章を書くのは簡単のようで難しい、それを初めて知りました。書きたいこと、思っていることがうまく表現できないのです。独りよがりになったり、思っていることと違うことになったり、大事なことの中心に突き当たる言葉が見つからないのです。心ではこう言いたいのに、どう表現したらいいのか、その言葉が見つからないのです。表現する難しさを思い知らされました。あらためて作家はすごいなと思いました。

初めはなかなか思うようにはかどりませんでしたが、進むにつれて面白くなりました。私は右半身不随なので、鉛筆や筆でスラスラ書いていたようには、自分の手で文字を書くことができません。幸いなことに左手と指は動きます。パソコンの使い方を一から教えていただきました。自分の名前を打つことからスタートし、主人の名前、友だちの名前、自分の住所、そこからだんだん小さな文章をつないでいきました。でも満州でのあの体験や父の戦病死、母や兄弟たち、弟や妹のこと、脳梗塞で半身不随になったことなど、複雑な文章を重ねることが大変なのです。やっぱり無理だからやめようと何度も思いました。

でも、書かなくてはいけないという想いが強かったのです。左の人差し指と中指を使いながら、「文字を打つ」ことに慣れていきました。でもなぜか時々、あっという間に書いた文章が全部消えてしまうのです。？？？　いく度もいく度も書き直しです。でもこうして書き直すことはとても勉強になりました。パソコンのいいところは、書き直しがとても楽なのです。

人に歴史あり。誰にもそれぞれ自分の歴史があります。私にもいろいろなことがありました。両親の年を遥かに超えて、こうして私たち兄弟は生きています。姉、兄、残留孤児だった弟、妹たちみんな生きています。いえ、生かされています。ありがたいことですね。私の面倒を見てくれた兄は前立腺がんのレベル4でしたが、手術後十年経って元気に過ごしております。

あんなに数多くのことがあったのが夢のようです。妹と弟が心さみしさとひもじさに泣くのをなだめる術がなく、私自身が泣いていたこと。前田のおじさんとおばさんのお世話で日本に帰ってこられ、それ以来、たくさんの方々に支えられて生かされてきたこと。辛いことはあったけれど、それ以上に楽しいことがいっぱいありました。人生って、ちゃんとバランスが取れるようにできているのですね。八十年の私の人生が、振り返ればほんの一瞬のようです。嬉しいことに、こうして私の自分史が日の目を見ることになりました。何か大きな仕事を成し遂げたような解放感があります。やっと大きな荷物を降ろしたような気持ちです。ありがたいことです。

何もわからない私にパソコンを教えてくださった谷澤承子さん、骨身を惜しまず本づくりに協力してくださった山平松生さん、山崎佐弓さん、鶴加寿子さん、福川原紀子さん、藤田直子さん、十一日会のお仲間たち、大丈夫よといつも激励してくださった迫登茂子先生、そして黙って支えてくれた主人に感謝いたします。

みなさん、ありがとうございます。

平成二十七年七月吉日　　傘寿の年に

雪田幸子

（あとがき）

# 雪田幸子・歩み

1935・3・7　大阪市生まれ
1936　父、母、祖母、姉、兄、一歳未満の私、家族全員で渡満。遼寧省鞍山市に。
1941・1・25　弟保定誕生。
1941・4　鞍山小学校に入学。
1941・9・26　祖母死去。
1942・3・31　母秋江三十四歳で死去。
1943・3　姉美都子、石橋義男と結婚。
1943・6　父定晴、遠縁の山辺清子と再婚。
1944・4・8　妹節子誕生
1945・3　父工場責任者として吉林省図們市に転勤。兄は通学の関係で鞍山に残る。
1945・5　四十五歳の父に召集令状。牡丹江に出征。
1945・8・25　終戦。
1946・7　発疹チフスに罹る。
1946・8・3　清子母、発疹チフスで死去。私、弟、妹三人が孤児になる。

1946　弟保定、妹節子が残留孤児となり、私は前田さんに預けられ、三人バラバラに。
1946・9・1　帰国することになり、新京、奉天、コロ島経由で五十日かけて興安丸で博多に上陸。前田さん宅に身を寄せる。十月末に佐世保市の伯父の家に。先に帰国していた姉と兄との再会。
1948・3　佐世保市立赤崎小学校卒業。
1949　愛宕中学校入学。その後、三年生のとき、佐世保市立山澄中学へ転校。
1951・3　佐世保市立山澄中学校卒業。
1951・4　長崎県立佐世保南高等学校に入学するも、肺結核発病のため一カ月で退学。
1954・10　北原白秋門下、木俣修先生主催の短歌結社「形成」に参加。秋満豊彦との文通始まる。
1956・8・4　「形成」全国大会が北原白秋ゆかりの地柳川市で開催され、秋満豊彦と初対面。その後婚約。
1956・12　福岡県古賀町国立療養所「清光園」に入院。
1960・4　肺切除の手術が成功、退院。秋満家に身を寄せる。
1961・2・13　秋満豊彦死去(二十九歳)。急性心臓衰弱症。

1961・5　自立のため大阪へ。キンケイ食品工業(株)に就職。
1962・10・5　シベリア抑留中の父、戦病死との知らせが届く。大智院黒髪山で遺骨伝達式に兄夫婦と出席。
1964・4　キンケイ食品工業(株)東京本社に転勤のため上京。
1964・10　秋満豊彦遺歌集『流燈《りゅうとう》』、短歌研究社から発行。
1965・4　兄嫁の知人を介して雪田鴻一と見合い。
1966・春　雪田鴻一と結婚。
1975・春　書道家川上柏翠先生に師事して書道を始める。
1975・8　中古公団住宅を購入、立川市に転居。
1975・6・18　夢の知らせで、三鷹・観音寺とのご縁。
1978・秋　観音寺にて一週間の接心、坐禅の修行を体験。
1980・秋　一戸建て住宅を購入し羽村市に転居。
1983・秋　姑、パーキンソン病のため歩行困難。青梅梅園病院に入院。
1983・秋　知人の保証人になった夫が大借金。
1986・6　九段会館にパートとして就職。
妹節子(韓素雲《かんそうん》)と四十九年ぶりの再会。

雪田幸子・歩み

| | |
|---|---|
| 1993・10 | 正覚寺のご詠歌(梅花流詠賛歌)に入会。 |
| 1988・11・4 | 義母七十九歳、老衰にて死去。 |
| 1995・11・3 | 弟保定(王強《おうきょう》)と五十年ぶりの再会。 |
| 2000・12・11 | 「十一日会」に初参加。迫登茂子先生の笑顔に癒される。 |
| 2003・9 | 変容した月の中にハートのお月さま。 |
| 2005・夏 | 蓮の夢を見る。大賀蓮との出合いに感激、撮影。 |
| 2006・10 | 永平寺東京別院にて在家得度。 |
| 2007・秋 | 重村一巳氏のお世話で大泉学園町に転居。 |
| 2008・3・28 | 脳梗塞を発症。 |
| 2012・11・13 | 慢性硬膜下血腫。埼玉病院で即手術。 |
| 2015 | 「いかやうなことがありても揺るがざるすべておまかせ私の心」の心境に。転倒しないように、気をつけながら生活している。 |

**雪田　幸子**（ゆきた　さちこ）

1935（昭和10）年大阪市生まれ。1歳未満で一家と渡満。41年遼寧省《りょうねいしょう》鞍山《あんざん》小学校入学。45年吉林省《きつりんしょう》図們《ともん》市に転居。同年5月召集令状により父牡丹江《ぼたんこう》に出征。8月15日敗戦。46年発疹チフスに罹患。4歳の弟、2歳の妹を10歳の著者に託し母死す。9月新京（長春）、奉天（瀋陽）、コロ島を経て興安丸で帰国。小、中学校を終え佐世保南高等学校入学するも肺結核のため退学。54年短歌結社「形成」に参加。その縁で初恋の人と出会い婚約。国立療養所「清光園」に入院。肺切除に成功退院。61年大阪にて就職。62年シベリア抑留中の父戦病死との知らせを受く。65年雪田鴻一と結婚。66年書道を学ぶ。75年観音寺にて坐禅修行。86年残留孤児となっていた妹節子（韓素雲）と、95年弟保定（王強）と再会。2000年「十一日会」迫登茂子師の笑顔に出会う。06年在家得度。08年脳梗塞により右半身不随。車椅子暮らしとなる。12年慢性硬膜下血腫。15年「すべておまかせ」という心境に達し、転ばないように気をつけて暮らしている。


すべておまかせ

初版　2015年7月21日

著者　雪《ゆき》田《た》幸《さち》子《こ》

発行人　山平松生

発行所　株式会社　風雲舎

〒162―0805　東京都新宿区矢来町122　矢来第二ビル

電話　〇三―三二六九―一五一五（代）

FAX　〇三―三二六九―一六〇六

振替　〇〇一六〇―一―七二七七六

URL　http://www.fuun-sha.co.jp/

E-mail　mail@fuun-sha.co.jp

印刷　株式会社ワイズファクトリー

製本　株式会社　難波製本

落丁・乱丁本はお取り替えいたします。（検印廃止）




ISBN978-4-938939-82-3